BARITONE

Anthology of Italian Opera

Edited by Paolo Toscano

Assistant Editor: J. Mark Baker

Cover: *Il bacio* (The Kiss), 1859, Francesco Hayez

ISBN 978-0-634-04389-5

RICORDI

DISTRIBUTED BY

7777 W. BLUEMOUND RD. P.O. BOX 13819 MILWAUKEE, WI 53213

www.ricordi.com
www.halleonard.com

CONTENTS

INDEX

Aria Plots and Translations

ADRIANA LECOUVREUR

Music: Francesco Cilea. **Libretto:** Arturo Colautti, based on the play by Eugène Scribe and Ernest Legouvé. **First performance:** Teatro Lirico, Milan, 6 November 1902. **Setting:** Paris, 1730.

Ecco il monologo
from Act I

Dramatic context: In the foyer of the Comédie-Française, the stage director Michonnet listens as the celebrated actress Adriana Lecouvreur performs a monologue. Though Adriana has declared that Michonnet is her best friend, she is unaware that he is deeply in love with her.

Ecco il monologo…	*Here's the monologue…*
Silenzio sepolcral! Grave momento!	*Tomb-like silence! A critical moment!*
Strugger di gioia e di timor mi sento.	*Torn by joy and fear I feel.*
Bene! Benissimo! Così… così…	*Good! Excellent! That's it… that's it…*
Che fascino! Che accento!	*What charm! What delivery!*
Quanta semplicità!	*What simplicity!*
Com'è profonda e umana!	*How profound and human she is!*
Men sincera è la stessa verità!	*Truth itself is less sincere!*
Che fanno dunque, là?	*So what are they doing over there?*
Applaudite, beoti!	*Applaud, fools!*
Ah, stupenda! Mirabile! Sublime!	*Ah, she's stupendous! Admirable! Sublime!*
L'ha visto! E glielo esprime	*She saw him! And she acknowledges it*
con gli sguardi, i sorrisi, i gesti, i moti.	*with her looks, her smiles, her gestures, her actions.*
E dir che così bene	*To think she acts so well*
recita per un altro, e non per me!	*for another, and not for me!*
Ma rimedio non c'è, non c'è costrutto!	*But there is no solution, there is no purpose!*
In ascoltarla, affogo le mie pene,	*Listening to her, I drown my sorrows,*
e rido, e piango, e sogno, e dimentico tutto.	*and laugh, and cry, and dream, and forget everything.*

L'AMORE DEI TRE RE
(The Love of Three Kings)

Music: Italo Montemezzi. **Libretto:** Sem Benelli, from his tragedy of the same name. **First performance:** Teatro alla Scala, Milan, 10 April 1913. **Setting:** Italy, a remote castle, tenth century.

Fiora! Piccolo fiore
from Act II

Dramatic context: Though betrothed to another, the Italian princess Fiora has been forced to marry Manfredo, son of the barbarian king Archibaldo. As the afternoon clouds come and go, Manfredo pleads with Fiora for her love on a circular terrace high on the castle walls.

Fiora! Fiora!	*Fiora! Fiora!*
Piccolo fiore, vieni sul mio petto;	*Little flower, come to my breast;*
qui, tra le mie braccia, ch'io ti rechi,	*here, in my arms, that I may lead you,*
come agnella sperduta e mansueta	*like a sheep, lost and docile,*
all'ovile dal mio cuore intessuto.	*to the pen my heart has prepared for you.*
Oh, come tremi!	*Oh, how you tremble!*
Così ti porterò nel tuo bel letto	*Let me accompany you to your fine couch.*
d'avorio. Padre mio, certo tu vedi,	*of ivory. O my father, certainly you see,*
ora, che il figlio ha trovato il suo bene!	*now, that your son has found his true love!*
Certo t'è manifesta la mia gioia	*Certainly my joy is plain to you*
e la mia fede ti giunge nell'ombra,	*and my faith you can perceive in the darkness*
perché troppa luce esce dal cuor mio	*because so much light shines out from my heart*
che si confonde e si mischia e moltiplica	*and combines, mixes, and multiplies*
con questa luce odorosa	*with this fragrant light*
che dal mio tesoro	*that from my beloved*
si libera, aulente.	*emanates, perfumed.*

ANDREA CHÉNIER

Music: Umberto Giordano. **Libretto:** Luigi Illica, inspired by the life of the French poet Andrea Chénier. **First performance:** Teatro alla Scala, Milan, 28 March 1896. **Setting:** Paris, after the French Revolution.

Nemico della patria
from Act III

Dramatic context: Carlo Gérard, formerly a servant in the aristocratic Coigny household, is now a member of the revolutionary government. In love with Maddelena Coigny, he uses his political power to denounce her beloved, the poet Andrea Chénier, as an "enemy of the homeland."

Nemico della patria?!	*Enemy of the homeland?!*
È vecchia fiaba che beatamente	*It's an old legend that blissfully*
ancor la beve il popolo.	*the populace still swallows.*
Nato a Costantinopoli? Straniero!	*Born in Constantinople? Foreigner!*
Studio a Saint Cyr? Soldato!	*Educated at Saint Cyr? Soldier!*
Traditore! Di Dumouriez un complice!	*Traitor! Accomplice of Dumouriez!*
È poeta? Sovvertitor di cuori	*Is he a poet? Corrupter of hearts*
e di costumi!	*and habits!*
Un dì m'era di gioia	*Once it was a joy for me*
passar fra gli odi e le vendette, puro,	*to resist hate and vendettas, pure,*
innocente e forte!	*innocent, and strong!*
Gigante, mi credea!	*A giant, I thought of myself!*
Son sempre un servo!	*I am always a servant!*
Ho mutato padrone!	*I have changed master!*
Un servo obbediente	*An obedient servant*
di violenta passione!	*of violent passion!*
Ah, peggio! Uccido e tremo,	*Ah, worse! I kill and tremble,*
e mentre uccido io piango!	*and as I kill I cry!*
Io della Redentrice	*I, of the Revolution*
figlio pel primo ho udito	*a son, was the first to hear*
il grido suo pel mondo	*its cry in the world,*
ed ho al suo il mio grido unito.	*and to its cry I joined my own.*
Or smarrita ho la fede	*Have I now lost faith*
nel sognato destino?	*in the dreamed-of destiny?*
Com'era irradiato	*How brilliant*
di gloria il mio cammino!	*with glory did my path shine!*
La coscienza nei cuor	*To reawaken conscience*
ridestar de le genti,	*in the heart of the people,*
raccogliere le lagrime	*gather the tears*
dei vinti e sofferenti!	*of the vanquished and oppressed!*
Fare del mondo un Pantheon!	*Turn the world into a Pantheon!*
Gli uomini in dii mutare	*Turn men into gods,*
e in un sol bacio e abbraccio	*and with a single kiss and embrace,*
tutte le genti amar!	*to cherish all mankind!*

L'ARLESIANA
(The Girl from Arles)

Music: Francesco Cilea. **Libretto:** Leopoldo Marenco, based on the play *L'Arlésienne* by Alphonse Daudet. **First performance:** Teatro Lirico, Milan, 27 November 1897. **Setting:** Provence, nineteenth century.

Come due tizzi accesi
from Act I

Dramatic context: Seated on the ground in the farmyard, L'Innocente, Rosa Mamai's son, places his head on the knees of the old shepherd Baldassare. With his pipe between his teeth, Baldassare tells a story about a little goat that is attacked during the night by a wolf.

Come due tizzi accesi,	*Like two glowing embers*
dall'alto del dirupo,	*from the top of the cliff,*
vide su lei sospesi	*she saw fixed upon her*
gli occhi del lupo…	*the eyes of the wolf…*
Non diede un gemito,	*She uttered not a sound,*
la disgraziata,	*the unfortunate wretch,*
e non tentò fuggire:	*and made no attempt to escape:*
capì che il lupo l'avrebbe mangiata!	*she understood that the wolf would have eaten her!*

E il lupo sogghignò,
quasi volesse dire:
tempo a mangiarti avrò!

Il sol tramonta, scende la sera;
e con la sera s'annunzia la morte.
Ma lei da quella forte
capra ch'ell'era
le sue corna abbassò,
già esperte in altre lotte,
e il lupo attese, e col lupo lottò
tutta la notte!
Ma quando il sol spuntò,
dimise a terra il corpo sanguinoso;
e il sol… il sol negli occhi la baciò;
poi glieli chiuse all'ultimo riposo!

And the wolf sneered,
as if to say:
time to eat you I will have indeed!

The sun set, evening came on;
and with the evening her death was decreed.
But she, the hearty
goat that she was,
lowered her horns,
already experienced in other battles,
and waited for the wolf, and with the wolf she fought
the entire night!
But when dawn broke
she dropped her bleeding body to the ground,
and the sun… the sun caressed her eyes;
then it closed them that she might forever rest in peace!

ATTILA

Music: Giuseppe Verdi. **Libretto:** Temistocle Solera, after Zacharias Werner's play *Attila, König der Hunnen*. **First performance:** Teatro La Fenice, Venice, 17 March 1846. **Setting:** Italy, fifth century A.D.

Dagl'immortali vertici
from Act II, scene 1

Dramatic context: In his camp, the Roman general Ezio reads a letter from the boy emperor Valentinian, ordering him back to Rome because there is now a truce with the Huns. Indignant, Ezio sings of his love for Italy and resolves to defend her from Attila's attacks.

"Tregua è cogl'Unni. A Roma,
Ezio, tosto ritorna… a te l'impone
Valentinian." L'impone! E in cotal modo,
coronato fanciul, me tu richiami?
Or, or, più che del barbaro le mie
schiere paventi! Un prode
guerrier canuto piegherà mai sempre
dinanzi a imbelle, a concubino servo?
Ben io verrò… Ma qual s'addice al forte,
il cui poter supremo
la patria leverà da tanto estremo!

Dagl'immortali vertici
belli di gloria, un giorno,
l'ombre degli avi, ah, sorgano
solo un istante intorno!
Di là vittrice l'aquila,
per l'orbe il vol spiegò…
Roma nel vil cadavere;
chi ravvisare or può?

Chi vien? Che brami?
Ite! Noi tosto al campo
verrem.

È gettata la mia sorte,
pronto sono ad ogni guerra;
s'io cadrò da forte,
e il mio nome resterà.
Non vedrò l'amata terra
svenir lenta e farsi a brano…
sopra l'ultimo romano
tutta Italia piangerà.

"There is a truce with the Huns. To Rome,
Ezio, you must soon return… you are so commanded by
Valentinian." He commands it! And with what manner,
o royal youngster, do you order me back?
Now, now, more than the barbarian, my
soldiers you fear! Would this warrior,
valiant and grey, ever submit
to a coward, to a kept lackey?
Fine, I will come… But as is seemly to a fighter,
whose supreme power
will redeem his homeland from such suffering!

From the immortal heights,
resplendent of glory, one day
may the ghosts of our ancestors, ah, appear
only an instant among us!
There, whence the victorious eagle
spread her wings over the earth…
Rome has become a revolting corpse;
who can recognize her anymore?

Who goes there? What do you want?
Go! To the encampment we will soon
return.

My fate has been decided,
I am ready for any battle;
if I am defeated yet courageous,
my name will live on.
I will not watch my beloved homeland
collapse slowly and fall to pieces…
the memory of the last true Roman
all of Italy will mourn.

UN BALLO IN MASCHERA
(A Masked Ball)

Music: Giuseppe Verdi. **Libretto:** Antonio Somma, after Eugène Scribe's libretto for Daniel-François-Esprit Auber's opera *Gustave III, ou Le Bal Masqué,* based on the assasination of Gustave III of Sweden at a masked ball in 1792. **First performance:** Teatro Apollo, Rome, 17 February 1859. **Setting:** The opera was originally planned to follow the *Gustave III* setting in late eighteenth century Sweden, but because of censorship the king was changed to a governor in Boston.

Alla vita che t'arride
from Act I, scene 1

Dramatic context: Loyal followers and conspirators alike surround Riccardo as he reviews the guest list for his upcoming masked ball. His most trusted friend Renato arrives, warning Riccardo of plots against his life.

Alla vita che t'arride	*To your life that smiles upon you,*
di speranze e gaudio piena,	*of hope and joy abounding,*
d'altre mille e mille vite	*thousands and thousands of other lives*
il destino s'incatena!	*destiny binds together!*
Te perduto, ov'è la patria	*If you perish, where is our homeland*
col suo splendido avvenir?	*with its splendid future?*
E sarà dovunque, sempre	*And everywhere, always will*
chiuso il varco alle ferite,	*there be no way to wound you,*
perché scudo del tuo petto	*because shielding your breast*
è del popolo l'affetto?	*is the affection of the populace?*
Dell'amor più desto è l'odio	*More prompt than love is hatred*
le sue vittime a colpir.	*its victims to attack.*

Eri tu che macchiavi quell'anima
from Act III, scene 1

Dramatic context: Renato has just learned of his wife's love for his friend and leader, Riccardo. She admits her affection but insists upon her purity. After allowing her to see their son one last time before taking her life, Renato refocuses his rage upon her supposed lover, addressing his defamations to the prominent portrait of Riccardo that hangs in his study.

Alzati! là tuo figlio	*Rise! There your son*
a te concedo riveder. Nell'ombra	*I will allow you to see again. In the shadows*
e nel silenzio, là	*and in silence, there*
il tuo rossore e l'onta mia nascondi.	*your shame and my dishonor you will conceal.*
Non è su lei, nel suo	*But it is not her, not her*
fragile petto che colpir degg'io.	*fragile heart that I must strike.*
Altro, ben altro sangue a terger dessi	*Other, quite other blood must wash away*
l'offesa!… Il sangue tuo!	*the offense!… Your blood!*
E lo trarrà il pugnale	*And it will be spilled by my dagger*
dallo sleal tuo core,	*from your dishonest heart,*
delle lacrime mie vendicator!	*of my tears their avenger!*
Eri tu che macchiavi quell'anima,	*It was you who sullied that soul,*
la delizia dell'anima mia;	*the delight of my life;*
che m'affidi e d'un tratto esecrabile	*you whom I trusted and who, of an abominable instant,*
l'universo avveleni per me!	*poisoned the universe for me!*
Traditor! Che compensi in tal guisa	*Traitor! Who repays in this way*
dell'amico tuo primo la fé!	*your foremost friend for his loyalty!*
O dolcezze perdute! O memorie	*O pleasure lost! O memories*
d'un amplesso che l'essere indìa!	*of an embrace summoned by life itself!*
Quando Amelia, sì bella, sì candida	*When Amelia, so beautiful, so pure,*
sul mio seno brillava d'amor!	*on my breast sparkled with love!*
È finita: non siede che l'odio	*All is over: nothing remains but hatred*
e la morte nel vedovo cor!	*and death in this bereaved heart!*
O dolcezze perdute!	*O pleasure lost!*
O speranze d'amor!	*O longings of love!*

IL BARBIERE DI SIVIGLIA
(The Barber of Seville)

Music: Gioachino Rossini, originally titled *Almaviva, ossia L'inutile precauzione* (Almaviva, or The Useless Precaution). **Libretto:** Cesare Sterbini, based on *Le Barbier de Séville*, a play by Pierre-Auguste Caron de Beaumarchais and the libretto for Giovanni Paisiello's *Il barbiere di Siviglia*. **First performance:** Teatro Argentina, Rome, 20 February 1816. **Setting:** Seville, eighteenth century.

Largo al factotum
from Act I, scene 1

Dramatic context: Figaro—Seville's barber, well-known and indispensable citizen, all-around factotum—introduces himself.

La ran la lera,	*La ran la lera,*
la ran la là.	*la ran la la.*
Largo al factotum	*Make way for the factotum*
della città!	*of all the town!*
Presto a bottega,	*Hurry to my shop,*
ché l'alba è già,	*the day has already dawned.*
Ah, che bel vivere,	*Ah, what a wonderful life,*
che bel piacere	*what grand satisfaction*
per un barbiere	*for a barber!*
di qualità!	*who is top rate!*
Ah, bravo, Figaro,	*Ah, bravo, Figaro,*
bravo bravissimo!	*bravo bravissimo!*
Fortunatissimo	*Most fortunate,*
per verità!	*truth be told!*
Pronto a far tutto,	*Ready for anything,*
la notte e il giorno	*night or day,*
sempre d'intorno	*always about*
in giro sta.	*I'm roving.*
Miglior cuccagna	*More comfortable circumstances*
per un barbiere,	*for a barber,*
vita più nobile,	*a more noble life,*
no, non si dà.	*no, is not to be had.*
Rasori e pettini,	*Razors and combs,*
lancette e forbici	*lancets and scissors,*
al mio comando	*at my command*
tutto qui sta.	*everything is here.*
V'è la risorsa	*Then there is the expertise*
poi del mestiere	*of my profession*
colla donnetta,	*for the little lady,*
col cavaliere.	*for the gentleman.*
Tutti mi chiedono,	*Everyone asks for me,*
tutti mi vogliono,	*everyone wants me,*
donne, ragazzi,	*women, youngsters,*
vecchi e fanciulle:	*oldsters, and sweet young things:*
Qua la parrucca…	*Here the wig…*
presto la barba…	*quickly, the beard…*
qua la sanguigna…	*here the bloodletting…*
presto il biglietto…	*quickly, my bill…*
Figaro… Figaro…	*Figaro… Figaro…*
Son qua, son qua!	*I'm here, over here!*
Ahimè! che furia!	*Oh, dear! What frenzy!*
Ahimè! che folla!	*Oh, dear! What crowds!*
Uno alla volta	*One at a time,*
per carità!	*for mercy's sake!*
Figaro qua,	*Figaro here,*
Figaro là,	*Figaro there,*
Figaro su,	*Figaro up,*
Figaro giù!	*Figaro down!*
Pronto prontissimo	*Ready, more than ready*
son come il fulmine;	*I am like lightning;*
sono il factotum	*I'm the factotum*
della città!	*of the all town!*
Ah bravo, Figaro,	*Ah bravo, Figaro,*
bravo bravissimo!	*bravo bravissimo!*
A te fortuna	*Luck will*
non mancherà.	*always be with you.*

BELFAGOR

Music: Ottorino Respighi. **Libretto:** Claudio Guastalla. **First performance:** Teatro alla Scala, Milan, 26 April 1923. **Setting:** A small, seaside Tuscan village; time unspecified ("when not all devils wore horns").

Sono un grosso mercante
from Act I

Dramatic context: Having disguised himself as a rich merchant, the devil Belfagor has obtained the beautiful Candida as his wife after bribing her father. He becomes genuinely smitten with the charming woman, offering her all the luxuries she may desire.

Sono un grosso mercante ritirato,	*I am an important merchant in retirement,*
ricco sfondato,	*rich beyond measure,*
ormai stanco di vita avventurosa,	*who has grown weary of an adventurous life,*
che cerca un quieto nido	*who seeks a quiet nest*
e un cuore fido	*and the loyal heart*
di dolce sposa.	*of a gentle wife.*
E per nido ho acquistato quel castello	*And for a nest I have acquired that castle,*
e lo farò più bello	*and I will make it even more beautiful*
di stucchi e d'ori	*with stucco and gold trimmings*
dentro e di fuori.	*inside and out.*
Vengo a rapirvi in quella portantina	*I've come to spirit you away in that palanquin*
degna d'una regina,	*worthy of a queen,*
gialla e fragrante	*yellow and fragrant*
come un croccante.	*as an almond sweet.*
Là son quei servi ai vostri cenni pronti,	*There you will find servants ready to do your bidding;*
io qui vostro valletto	*here I, your valet,*
v'offro e prometto	*offer and promise you*
mari e monti:	*the sea and sky:*
monti di trine e mari di broccati,	*mountains of lace and oceans of brocade,*
laghi di perle, prati di diamanti,	*lakes of pearls, meadows of diamonds,*
giardini tutti rubini,	*gardens full of rubies,*
smeraldi a fiumi	*rivers of emeralds,*
e nubi di profumi.	*and billowing clouds of perfumes.*
Tutto quel che vorrete:	*Everything you would want:*
chiedete e avrete.	*ask and it is yours.*

LA CALISTO
(Callisto)

Music: Francesco Cavalli. **Libretto:** Giovanni Faustini (the lead castrato), based on Ovid's *Metamorphoses*. **First performance:** Venice, 28 November 1651. **Setting:** Ancient mythological times.

Va pur... Se non giovano
from Act I, scene 6

Dramatic context: Jove, king of the gods, has fallen in love with the beautiful nymph Callisto who, as a follower of the goddess Diana, has inconveniently sworn a vow of chastity. To circumvent this problem, Mercury (god of cunning, son of Jove) has hatched a clever plan: Jove will transform himself into Diana, whom Callisto has sworn to obey. Mercury sings this scene after Jove-as-Diana and Callisto happily go off into the forest "to kiss each other." In it, he offers his advice to the men in the audience.

Va pur, va pur, va seco.	*Go then, go then, go with him.*
Ch'altro che suon de' casti baci, e puri	*But something besides the sound of chaste and pure kisses*
pubblicherà per la foresta l'eco!	*will Echo broadcast throughout the forest!*
Va pur, va pur, va seco.	*Go then, go then, go with him.*
Se non giovano,	*If your prayers and tears*
se non trovano	*are not working,*
le preghiere e i vostri pianti	*if they do not elicit*
nelle ingrate adorate	*from your ungrateful sweethearts*
cortesia, sentite amanti:	*courtesy, listen [to my advice], you lovers:*
ricorrete alla frode,	*resort to deception,*
ch'ingannatore amante è quel che gode.	*for the lover who tells lies is the one who enjoys pleasure.*

Le blandizie, le delizie	*The caresses and delights*
di Cupido, a ladra ingegno,	*of Cupid, to a clever thief,*
più condite, saporite,	*are tastier, more delicious,*
son più grate; io ve l'insegno:	*and more satisfying; I'll teach you how:*
ricorrete alla frode,	*resort to deception,*
ch'ingannatore amante è quel che gode.	*for the lover who tells lies is the one who enjoys pleasure.*

LA CENERENTOLA
(ossia, La bontà in trionfo)
(Cinderella, or The Triumph of Goodness)

Music: Gioachino Rossini. **Libretto:** Jacopo Ferretti, after Charles Perrault's *Cendrillon* and probably both Charles-Guillaume Étienne's libretto for Niccolò Isouard's *Cendrillon* and the libretto for Stefano Pavesi's *Agatina*; also after the fairy tale. **First performance:** Teatro Valle, Rome, 25 January 1817. **Setting:** Don Magnifico's mansion, time unspecified [probably eighteenth century].

Come un'ape ne' giorni d'aprile
from Act I, scene 6

Dramatic context: Dandini, valet to Prince Ramiro, has exchanged costumes with his master so that Ramiro may search for a prospective wife incognito. Dandini, pretending to be the prince, describes how he searches for his princess, like a bee hopping from flower to flower.

Come un'ape ne' giorni d'aprile	*Like a bee on a day in April,*
va volando leggiera, e scherzosa;	*as it buzzes about light and lively;*
corre al giglio, poi salta alla rosa,	*darting to a lily, then skipping to a rose,*
dolce un fiore a cercare per sé;	*seeking a sweet flower for itself,*
fra le belle m'aggiro e rimiro;	*amidst lovely women I wander and wonder;*
ne ho vedute già tante e poi tante;	*I have already seen many and more;*
ma non trovo un giudizio, un sembiante,	*but I find neither sense nor semblance,*
un boccon squisito per me.	*no tasty tidbit for me.*
Per pietà, quelle ciglia abbassate.	*For heaven's sake, lower those eyes of yours.*
Galoppando sen va la ragione,	*At a gallop reason vanishes,*
e fra i colpi d'un doppio cannone	*and with the volley of that double-barreled cannon,*
spalancata la breccia è di già.	*a gaping crack is sure to appear.*
Vezzosa! graziosa! son tutte papà.	*Charming! graceful! father's darlings all.*
(Ma al finir della nostra commedia,	*(But with the conclusion of our comedy*
che tragedia qui nascer dovrà!)	*what a tragedy must now begin!)*

COSÌ FAN TUTTE
(ossia La Scuola degli Amanti)
(Women Are Like That, or The School for Lovers)

Music: Wolfgang Amadeus Mozart. **Libretto:** Lorenzo da Ponte. **First performance:** Burgtheater, Vienna, 26 January 1790. **Setting:** Naples, eighteenth century.

Rivolgete a lui lo sguardo
from Act I

Dramatic context: Wizened old Don Alfonso proposes a plan to his two young friends Ferrando and Guglielmo: he will prove to them that their girlfriends, the sisters Fiordiligi and Dorabella, are unfaithful. Disguised as two mysterious Albanians, Ferrando and Guglielmo appear at the girls' door. Guglielmo comically tries to woo the sisters by praising his own attributes in this aria, which was later replaced by the more familiar "Non siate ritrosi."

Rivolgete a lui lo sguardo	*Try your gaze on him*
e vedrete come sta:	*and you'll see how he reacts:*
tutto dice, io gelo… io ardo…	*he'll say anything, I'm freezing… I'm burning…*
idol mio, pietà, pietà.	*O my darling, mercy, have mercy.*
E voi, cara, un sol momento	*And you, dear, might ever so briefly*
il bel ciglio a me volgete,	*turn your lovely glance my way,*
e nel mio ritroverete	*and find in mine*
quel che il labbro dir non sa.	*that which cannot be expressed in words.*
Un Orlando innamorato	*An Orlando enraptured*
non è niente in mio confronto:	*is nothing compared to me;*
un Medoro il sen piagato	*a Medoro with wounded heart—*
verso lui per nulla io conto:	*compared to him I am nothing;*
son di fuoco i miei sospiri,	*my yearning is intense,*
son di bronzo miei desiri.	*my desires are cast in bronze.*

Se si parla poi di merto,	*If you wish to speak of merit,*
certo io sono, ed egli è certo,	*I am certain, and it is certain,*
che gli uguali non si trovano	*that no equal can be found*
da Vienna al Canadà.	*from Vienna to Canada.*
Siam due Cresi per ricchezza,	*We are both as rich as Croesus,*
due Narcisi per bellezza,	*both as handsome as Narcissus,*
in amor i Marcantoni	*as lovers, any Mark Anthony*
verso noi sarian buffoni.	*compared to us would seem a buffoon.*
Siam più forti d'un ciclopo,	*We are stronger than a cyclops,*
letterati al par di Esopo;	*no less erudite than Aesop;*
se balliamo, un Pichne cede,	*should we dance, a Pichne yields,*
sì gentil e snello è il piede.	*so graceful and refined is our step.*
Se cantiam col trillo solo	*If we in song but warble,*
facciam torto all'usignuolo,	*we humble the nightingale;*
e qualch'altro capitale	*not to mention still other qualities*
abbiam poi che alcun non sa.	*we have that no one can imagine.*
Bella, bella! tengon sodo:	*Good for them! they hold firm:*
se ne vanno ed io ne godo!	*they leave and I exult!*
Eroine di costanza,	*Heroines of devotion,*
specchi son di fedeltà!	*they are the very image of faithfulness!*

DON CARLO
(Don Carlos)

Music: Giuseppe Verdi. **Libretto:** Joseph Méry and Camille du Locle (in French), after Friedrich von Schiller's dramatic poem *Don Carlos, Infant von Spanien*. **First performance:** Opéra, Paris, 11 March 1867. **Setting:** Palace of King Philip II of Spain, Madrid, mid-sixteenth century; during the Inquisition.

Per me giunto
from Act IV

Dramatic context: Rodrigo, Marquis of Posa and a soldier, is a faithful friend to Don Carlos, son of King Philip II of Spain. When Posa intervenes during a conflict between the father and son, King Philip promotes Posa to dukedom. However, Posa is distrusted by the Inquisitor. Posa meets with Don Carlos in Carlos's prison to inform him that he has been discovered carrying politically charged secret papers for Don Carlos, and that he will be assassinated. Posa pleads with his friend to remember him.

Son io, mio Carlo.	*It is I, my Carlo.*
Uscir tu dêi da quest'orrendo avel.	*You must leave this horrendous dungeon.*
Felice ancor io son se abbracciarti poss'io!	*How happy I am again to be able to embrace you!*
Io ti salvai!	*I saved you!*
Convien qui dirci addio.	*It is best here that we say goodbye.*
O mio Carlo!	*O my Carlo!*
Per me giunto è il dì supremo,	*For me has come the final hour;*
no, mai più ci rivedrem;	*no, never again will we meet;*
ci congiunga Iddio nel ciel,	*may God reunite us in heaven,*
ei che premia i suoi fedel.	*He who rewards the faithful.*
Sul tuo ciglio il pianto io miro;	*On your lash a tear I notice;*
lagrimar così perché?	*why do you weep thus?*
No, fa cor, l'estremo spiro	*No, take heart, the last breath*
lieto è a chi morrà per te.	*is welcome to one who dies for you.*
Ascolta, il tempo stringe.	*Listen, so little time remains.*
Rivolta ho già su me la folgore tremenda!	*Already the terrible thunderbolt is cast upon me!*
Tu più non sei oggi il rival del Re…	*You are no longer today the rival of the King…*
Il fiero agitator delle Fiandre… son io!	*The proud firebrand of Flanders… is me!*
I fogli tuoi trovati in mio poter…	*Your papers found in my possession…*
della ribellion testimoni son chiari,	*are clear proof of the rebellion,*
e questo capo al certo a prezzo è messo già.	*and this head most certainly already has its price.*
No, ti serba alla Fiandra,	*No, save yourself for Flanders;*
ti serba alla grand'opra, tu la dovrai compire…	*save yourself for the great task; you must accomplish it…*
Un nuovo secol d'or rinascer tu farai;	*A new golden epoch you will bring;*
regnare tu dovevi, ed io morir per te!	*you must reign, and I must die for you!*
Per me!	*For me!*
La vendetta del Re tardare non potea!	*The vendetta of the King cannot wait!*

O Carlo, ascolta, la madre t'aspetta	*O Carlo, listen: your mother awaits you*
a San Giusto doman; tutto ella sa…	*at San Giusto tomorrow; she knows all…*
Ah! la terra mi manca… Carlo mio,	*Ah! I miss my homeland… Carlo mine,*
a me porgi la man!	*give me your hand!*
Io morrò, ma lieto in core,	*I will die, but light of heart,*
ché potei così serbar	*because I could thus safeguard*
alla Spagna un salvatore!	*for Spain its savior!*
Ah! di me… non ti scordar!	*Ah! me… you must never forget!*

DON PASQUALE

Music: Gaetano Donizetti. **Libretto:** Donizetti and Giovanni Ruffini, based on Anelli's libretto for Stefano Pavesi's opera *Ser Marcantonio*. **First performance:** Théâtre-Italien, Paris, 3 January 1843. **Setting:** Rome, early nineteenth century.

Bella siccome un angelo
from Act I, scene 1

Dramatic context: Dr. Malatesta, in response to his friend Don Pasquale's intentions to marry, proposes that his own fictitious sister would make the perfect wife for the old bachelor.

Bella siccome un angelo	*Lovely as an angel*
in terra pellegrino,	*wandering about the earth,*
fresca siccome il giglio	*fresh as a lily*
che s'apre sul mattino,	*as it opens with the morning,*
occhio che parla e ride,	*an eye that speaks and laughs,*
sguardo che i cor conquide,	*a gaze that captures hearts,*
chioma che vince l'ebano,	*tresses darker than ebony,*
sorriso incantator.	*an enchanting smile.*
Alma innocente, ingenua,	*Innocent, ingenuous soul,*
che sé medesma ignora,	*who thinks not of herself,*
modestia impareggiabile,	*humility without compare,*
bontà che v'innamora;	*generosity that enraptures;*
ai miseri pietosa,	*to the careworn merciful,*
gentil, dolce, amorosa.	*kind, gentle, loving.*
Il ciel l'ha fatta nascere	*Heaven created her*
per far beato un cor.	*to bestow a heart with blessing.*

I DUE FOSCARI
(The Two Foscari)

Music: Giuseppe Verdi. **Libretto:** Francesco Maria Piave, after Lord Byron's play. **First Performance:** Teatro Argentina, Rome, 3 November 1844. **Setting:** Venice, 1457.

O vecchio cor, che batti
from Act I

Dramatic Context: Francesco Foscari is the Doge of Venice. His son Jacopo has just been exiled by order of the Council of Ten. Francesco laments his position as both doge and father. (Jacopo's innocence is revealed only at the conclusion of the opera.)

Eccomi solo alfine…	*Here I am, alone at last…*
Solo!… e il sono io forse?	*Alone!… and am I indeed?*
Dove de' Dieci non penetra l'occhio?	*Where does the Council of Ten not cast its keen eye?*
Ogni mio detto o gesto,	*Everything I say or do,*
il pensiero perfin m'è osservato…	*even my thoughts are being observed…*
Prence e padre qui sono sventurato!	*As doge and father I am wretched here!*
O vecchio cor, che batti	*O aged heart, which beats*
come a' prim'anni in seno,	*as first it did in my breast,*
fossi tu freddo almeno	*if only you were as cold*
come l'avel t'avrà.	*as you will be in the tomb.*
Ma cor di padre sei,	*But you are the heart of a father;*
vedi languire un figlio;	*at the sight of a languishing son;*
piangi pur tu, se il ciglio	*may you then weep, if my eyes*
più lagrime non ha.	*can cry no more.*

EDGAR

Music: Giacomo Puccini. **Libretto:** Ferdinando Fontana, after Alfred de Musset's verse drama *La Coupe et les Lèvres*. **First performance:** Teatro alla Scala, Milan, 21 April 1889. **Setting:** Flanders, 1302.

Questo amor
from Act I

Dramatic context: Frank is in love with the seductive Moorish Tigrana, who prefers Edgar. Although she humiliates Frank and spurns his advances, he remains haunted by her.

Questo amor, vergogna mia,	*This love, my humiliation,*
io spezzar, scordar vorrei;	*I would shatter and forget;*
ma d'un'orrida malìa	*but of a terrible spell*
sono schiavi i sensi miei.	*my senses are slaves.*
Mille volte al ciel guirai	*A thousand times to heaven I swore*
di fuggirla!… e a lei tornai!	*to flee her!… yet to her I returned!*
Ella ride del mio pianto,	*She laughs at my tears,*
del mio sdegno si fa scherno.	*of my indignation she makes a mockery.*
ed io, vil, col cuore infranto,	*and I, coward, with a broken heart,*
ai suoi piedi mi prosterno.	*throw myself at her feet.*
E lei sola io sogno, bramo!	*And of her alone I dream, I yearn!*
Ah, sventura! Io l'amo! Io l'amo!	*Ah, misfortune! I love her! I love her!*

L'ELISIR D'AMORE
(The Elixir of Love)

Music: Gaetano Donizetti. **Libretto:** Felice Romani, after Eugène Scribe's libretto for Daniel-François Auber's opera *Le Philtre*. **First performance:** Teatro della Canobbiana, Milan, 12 May 1832. **Setting:** A small Italian village, nineteenth century; the village square.

Come Paride vezzoso
from Act II, scene 2

Dramatic context: Sergeant Belcore and his platoon have just arrived in the village. The beautiful Adina, who is a wealthy landowner, immediately catches Belcore's eye. Presenting her with flowers, he likens himself to the charming Paris offering Aphrodite a golden apple.

Come Paride vezzoso	*Just as charming Paris*
porse il pomo alla più bella,	*offered the apple to the loveliest,*
mia diletta villanella,	*my darling country lass,*
io ti porgo questi fior.	*I offer you this flower.*
Ma di lui più glorioso,	*But more glorious than he,*
più di lui felice io sono,	*happier than he, am I,*
poiché in premio del mio dono	*because as a prize for my gift*
ne riporto il tuo bel cor.	*I am awarded your beautiful heart.*
Veggo chiaro in quel visino	*I see clearly in that little face*
ch'io fo breccia nel tuo petto.	*that I've reached your heart.*
Non è cosa sorprendente;	*That is not surprising;*
son galante, e son sergente.	*I am gallant, a sergeant.*
Non v'ha bella che resista	*No lovely maiden can resist*
alla vista d'un cimiero;	*the sight of a plumed helmet;*
cede a Marte, Dio guerriero,	*to Mars, the god of war, surrendered*
fin la madre dell'Amor.	*even the mother of Love.*

FALSTAFF

Music: Giuseppe Verdi. **Libretto:** Arrigo Boito, after William Shakespeare's plays *The Merry Wives of Windsor* and *King Henry IV*. **First performance:** Teatro alla Scala, Milan, 9 February 1893. **Setting:** England, during the reign of Henry IV.

È sogno? o realtà?...
from Act II

Dramatic context: Sir John Falstaff has sent identical amorous letters to Mrs. Alice Ford and Mrs. Meg Page. After Ford learns of Falstaff's intentions regarding his wife, he contemplates his wife's presumed deception, believing himself a cuckold.

È sogno? o realtà?... Due rami enormi
crescon sulla mia testa.
È un sogno? Mastro Ford! Mastro Ford! Dormi?
Svegliati! Su! ti desta!
Tua moglie sgarra e mette in mal' assetto
l'onor tuo, la tua casa ed il tuo letto!

L'ora è fissata, tramato l'inganno;
sei gabbato e truffato!
E poi diranno
che un marito geloso è un insensato!
Già dietro a me nomi d'infame conio
fischian passando; mormora lo scherno.
O matrimonio: inferno!
Donna: demonio!
Nella lor moglie abbian fede i babbei!
Affiderei
la mia birra a un Tedesco,
tutto il mio desco
a un Olandese lurco,
la mia bottiglia d'acquavite a un Turco,
non mia moglie a sé stessa. O laida sorte!
Quella brutta parola in cor mi torna:
Le corna! Bue! Capron! Le fusa torte!
Ah! le corna! le corna!
Ma non mi sfuggirai! No! sozzo, reo,
dannato epicureo!
Prima li accoppio
e poi li colgo! Io scoppio!
Vendicherò l'affronto!
Laudata sempre sia
nel fondo del mio cor la gelosia.

It is a dream? or reality… Two enormous horns
sprout on my head.
Is it a dream? Master Ford! Master Ford! Are you sleeping?
Wake up! Come on! get up!
You wife cheats and compromises
your honor, your house, and your bed!

The hour is set, the deception planned;
you are hoodwinked and duped!
And then they say
a jealous husband is crazy!
Already, behind my back, distasteful nicknames
people are whispering as they pass; there is a murmur of scorn.
O matrimony: inferno!
Woman: demon!
In their wives let only fools have faith!
I would trust
my beer to a German,
all my pantry
to a gluttonous Dutchman,
my bottle of liquor to a Turk,
but not my wife to her own devices. O obscene fate!
That ugly word returns to my heart:
Cuckold! Ox! Goat! The twisted horns!
Ah! cuckold! cuckold!
But you won't escape me! No! filthy, guilty,
damned epicure!
First I'll mate them,
then I'll catch them in the act! I explode!
I'll avenge this affront!
Praised forever be,
from the bottom of my heart, jealousy.

LA FANCIULLA DEL WEST
(The Girl of the Golden West)

Music: Giacomo Puccini. **Libretto:** Carlo Zangarini and Guelfo Civinini, after David Belasco's play. **First performance:** Metropolitan Opera, New York, 10 December 1910. **Setting:** California mining camp during the 1849 gold rush.

Minnie, dalla mia casa son partito
from Act I

Dramatic context: Sheriff Jack Rance, though already married, is in love with Minnie, owner of a saloon in Cloudy Mountain, California. After a fight breaks out in the saloon, the arrival of the Pony Express clears the bar as the men hope for letters from home. Rance takes advantage of his moment alone with Minnie to declare his love to her.

Minnie, dalla mia casa son partito,
che è là dai monti, sopra un altro mare:
non un rimpianto, Minnie, m'ha seguito,
non un rimpianto vi potea lasciare!
Nessuno mai m'amò, nessuno ho amato,
nessuna cosa mai mi die' piacere!
Chiudo nel petto un cuor di biscazziere,
amaro, avvelenato,
che ride dell'amore e del destino.
Mi son messo in cammino
attratto sol dal fascino dell'oro.
È questo il solo che non m'ha ingannato.
Or per un bacio tuo getto un tesoro!

Minnie, I left my home,
there beyond the mountains, overlooking another sea:
no regrets, Minnie, I brought with me;
no regrets did I leave behind!
No one ever loved me, I have loved no one,
nothing has ever given me pleasure!
My chest houses the heart of a gambler,
bitter, poisoned,
who laughs at love and fate.
I started my journey
attracted only by the lust for gold.
And that's the only thing that has never betrayed me.
Now, for a kiss from you, I'll toss away my treasure!

LA FAVORITA
(The Favorite)

Music: Gaetano Donizetti. **Libretto:** Alphonse Royer and Gustave Vaëz, after Baculard d'Arnaud's drama *Le Comte de Comminges*; additions by Eugène Scribe, based in part on his libretto for Donizetti's *L'Ange de Nisida*. The opera was originally sung in French (*La Favorite*), but performance in Italian has long been standard. **First performance:** Opéra, Paris, 2 December 1840. **Setting:** Spain, 1340; a salon in the palace of the Alcazar.

Vien, Leonora, a' piedi tuoi
from Act II, scene 2

Dramatic context: King Alfonso XI contemplates the beauty of the Alcazar, won for him from the Moors by Fernando, a monastic novice turned Spanish army officer. Fernando is in love with Leonora, unaware that she is the king's mistress. The king does not know that Leonora returns Fernando's affection. Although pressing news from the Pope awaits him, the king is distracted by thoughts of Leonora.

Sì, de' malvagi invan	*Yes, of the ill-intentioned*
verso me invidiosi,	*envious of me,*
e con Roma uniti,	*and in league with Rome*
in accolta nemica,	*as our enemies,*
ascosi, al mio amor,	*furtively my love*
minacciano rovina.	*threaten to ruin.*
Ma io sol, Leonora,	*But I alone, Leonora,*
sol io ti sosterrò.	*will defend you.*
Vien, Leonora, a' piedi tuoi	*Come, Leonora, at your feet*
serto e soglio il cor ti dona;	*crown and throne this heart sacrifices for you;*
ah! se amare il re tu puoi,	*ah! if you can love the king,*
mai del dono si pentirà,	*he will never regret this sacrifice,*
ché per soglio e per corona	*because instead of crown and throne*
gli riman la tua beltà.	*he will have your beauty.*
Ah, mia Leonora,	*Ah, my Leonora,*
deh, vieni a me.	*oh come to me.*
De' nemici tuoi lo sdegno	*Your enemies' scorn*
disfidar saprò per te;	*I will challenge for you;*
se a te cessi e l'alma e il regno,	*if for you I forsake my soul and kingdom,*
io per gli altri ancor son re.	*for the others I am still king.*
De' miei dì compagna io voglio	*For all my days my companion I want*
farti, o bella, innanzi al ciel.	*to pronounce you, O beloved, before God.*
Al mio fianco unita in soglio,	*By my side united on earth,*
al mio fianco nell'avel.	*by my side in the tomb.*

IL FIGLIUOL PRODIGO
(The Prodigal Son)

Music: Amilcare Ponchielli. **Libretto:** Angelo Zanardini, after Eugène Scribe's *L'enfant prodigue*. **First performance:** Teatro alla Scala, Milan, 26 December 1880. **Setting:** Ninevah; biblical times.

Raccogli e calma
from Act III

Dramatic context: The Assyrian Amenofi has traveled to Ninevah. Following a religious ceremony, he remains alone in the temple of the goddess Ilia. He is haunted by the memory of a mysterious Jewish woman who has stolen his heart.

La visïon spariva!	*The vision disappeared!*
Ove sei, ove sei, fatal giudea,	*Where are you, fateful Israelite,*
del mio sogno divin funebre Dea?	*divine funereal goddess of my dreams?*
Raccogli e calma, sotto alla pia	*Gather and reassure, under the devout,*
ala dolcissima del tuo sospiro,	*sweet wing of your sighs,*
l'anima mia!	*my soul!*
Inebriato del mio deliro	*Intoxicated by my delirium,*
non ha più speme,	*no more hope*
non ha terror questo mio cor!	*nor fear has my heart!*
Ove t'aggiri? Qual uom, qual Dio	*Where are you? What man, what God*
a questa febbre del mio desìo ti può rapir?	*away from my burning desire could take you?*
Al tuo perdono io m'abbandono,	*I abandon myself to your forgiveness;*
cado a' tuoi piè!	*I fall at your feet!*
Teco, l'averno è il ciel per me!	*Beside you, hell is heaven for me!*
Vieni, o fanciulla! La vita è il nulla	*Come, O maiden! Life is nothing*
senza di te!	*without you!*

18

LA FINTA GIARDINIERA
(The Feigned Gardeness)

Music: Wolfgang Amadeus Mozart. **Libretto:** Author unknown. **First performance:** Court Theatre, Munich, 13 January 1775. **Setting:** The garden of Don Anchises.

A forza di martelli
from Act I

Dramatic context: Roberto is the servant to Violante. Both are disguised as gardeners and are working in the Mayor's garden. Roberto is in love with Serpetta, the Mayor's housekeeper. He laments the difficulties of winning a woman's heart.

A forza di martelli	*By dint of a hammer*
il ferro si riduce,	*iron is forged,*
a forza di scarpelli	*by dint of a chisel*
il marmo si lavora.	*marble is shaped.*
Di donna il cuor ognora	*A woman's heart never*
né ferro, né martello,	*can iron, nor hammer,*
né amore tristarello	*nor plaintive love*
la può ridurre a segno,	*contain,*
la può capacitar.	*nor command.*
Siam pazzi tutti quanti	*We all are mad who*
che andiamo appresso a femmine,	*chase after women;*
si sprezzino, si scaccino,	*let them be scorned, driven away;*
si fugghino, si piantino,	*avoid them, abandon them,*
si lascino crepar.	*to hell with them.*

LA FORZA DEL DESTINO
(The Force of Destiny)

Music: Giuseppe Verdi. **Libretto:** Francesco Maria Piave, based on the Spanish drama *Don Alvaro, o La Fuerza del Sino* by Angel de Saavedra, Duke of Rivas. **First performance:** Imperial Theatre, St. Petersburg, 10 November 1862. **Setting:** Spain, mid-eighteenth century.

Son Pereda, son ricco d'onore
from Act II, scene 1

Dramatic context: In the inn at the village of Hornachuelos, a rich array of folk is gathered. Various town fathers, servants, muleteers, and a mysterious student sing and dance until the meal is announced. Preziosilla, a gypsy, arrives to tell the assembled that war has broken out and that they should make haste to Italy to fight the Germans. Don Carlo, disguised as a student, lightens the mood somewhat by entertaining the group with a tale.

Son Pereda, son ricco d'onore,	*I am Pereda, covered with honors;*
baccelliere mi fe' Salamanca;	*I earned my baccalaureate at Salamanca;*
sarò presto *in utroque* dottore,	*I will soon earn my doctorate,*
ché di studio ancor poco mi manca…	*since I just have a bit more study to complete…*
Di là Vargas mi tolse da un anno,	*Vargas removed me from there a year ago,*
e a Siviglia con sé mi guidò.	*and took me with him to Seville.*
Non trattenne Pereda alcun danno,	*Pereda suffered no damage,*
per l'amico il suo core parlò.	*his heart spoke for his friend.*
Della suora un amante straniero	*A foreign lover of Vargas' sister*
colà il padre gli avea trucidato,	*had Vargas' father killed in that city,*
ed il figlio, da pro' cavaliero,	*and the son, like a valorous knight,*
la vendetta ne avea giurato…	*swore to avenge him…*
Gl'inseguimmo di Cadice in riva,	*We chased them from Cadiz to the ocean,*
né la coppia fatal si trovò.	*yet the fateful couple we did not find.*
Per l'amico Pereda soffriva,	*Pereda suffered for his friend,*
ché il suo core per esso parlò.	*for his heart spoke for him.*
Là e dovunque narrâr che del pari	*There and everywhere they say that*
la sedotta col vecchio perìa,	*the seduced girl died along with the father,*
che a una zuffa tra servi e sicari	*that from a fight between the servants and the killers,*
solo il vil seduttore sfuggìa.	*only the despicable seducer escaped.*
Io da Vargas allor mi staccava;	*Thus I left Vargas;*
ei seguir l'assassino giurò.	*he swore to follow the assassin.*
Verso America il mare solcava,	*He sailed toward America,*
e Pereda a' suoi studi tornò.	*and Pereda returned to his studies.*

GIANNI SCHICCHI

Music: Giacomo Puccini. **Libretto:** Giovacchino Forzano, suggested by an episode in Dante's *Inferno*. **First performance:** Metropolitan Opera House, New York, 14 December 1918. **Setting:** Florence, 1299.

Si corre dal notaio

Dramatic context: The recently-deceased Buoso Donati is surrounded by falsely grieving relatives who become outraged when they learn that his will leaves his entire estate to a monastery. Rinuccio, one of Donati's young nephews, is in love with Lauretta, but his family disapproves of this union. Rinuccio convinces the family to enlist the help of the cunning Gianni Schicchi, Lauretta's father. Schicchi devises a plot to falsify the will by impersonating Buoso.

Si corre dal notaio:	*Rush to the notary:*
"Messer notaio, presto!	*"Notary, sir, hurry!*
Via da Buoso Donati!	*Away to Buoso Donati!*
C'e un gran peggioramento!	*His condition has gotten much worse!*
Vuol fare testamento!	*He wants to make a will!*
Portate su con voi le pergamene,	*Bring your parchments with you;*
presto, messere, se no è tardi!"	*quickly, sir, or it will be too late!"*
Ed il notaio viene.	*And the notary comes.*
Entra: la stanza	*He enters: the room*
è semi oscura,	*is half dark;*
dentro il letto intravede	*on the bed he can make out*
di Buoso la figura!	*Buoso's silhouette!*
In testa la cappellina!	*On his head a nightcap!*
Al viso la pezzolina!	*On his face a kerchief!*
Fra cappellina e pezzolina un naso	*Between nightcap and kerchief a nose*
che par quello di Buoso e invece è il mio,	*which seems that of Buoso, but which instead is mine,*
perché al posto di Buoso ci son io!	*because I will have taken Buoso's place!*
Io, lo Schicchi, con altra voce e forma!	*I, Schicchi, with another voice and aspect!*
Io falsifico in me Buoso Donati,	*I falsely represent Buoso Donati,*
testando e dando al testamento norma!	*dictating and ratifying the will!*
O gente! Questa matta bizzarria	*O people! This crazy idea*
che mi zampilla nella fantasia	*that erupts in my imagination*
è tale da sfidar l'eternità!	*is enough to defy eternity!*

I GIOIELLI DELLA MADONNA
(The Jewels of the Madonna)

Music: Ermanno Wolf-Ferrari. **Libretto:** Carlo Zangarini and Enrico Golisciani. **First performance:** Kurfürstenoper, Berlin, 23 December 1911. **Setting:** Naples, early twentieth century.

Bacio di lama
from Act I

Dramatic context: The blacksmith Gennaro and the gangster Rafaele are rivals. Rafaele is passionately attracted to Maliella, Gennaro's foster sister, but she repels Rafaele's advances. After he dares her to stab him, she jams a hairpin into his hand. Initially irritated, he then insists that she will belong to him.

Bacio di lama,	*Kiss of a blade,*
morso d'amore,	*bite of love,*
donna che ama	*a woman who loves*
con tutto il core.	*with all her heart.*
Forte ài colpito,	*Powerfully have you struck,*
l'augurio è forte,	*the omen is powerful;*
tu m'ài ferito	*you have wounded me*
in vita e in morte.	*in life and in death.*
Ragazza bella,	*Lovely girl,*
molto mi piaci,	*I like you very much,*
bocca di baci,	*a mouth made for kissing,*
tu fai per me.	*you're mad for me.*
Fiamma che ride	*Joyous flame*
da aperta vena,	*from an open vein,*
suggel di fiamma,	*the flames seal,*
vivo suggello	*living seal*
che c'incatena.	*that unites us.*
Così vi rendo, cara, la spadella,	*Thus I render to you, dear, the missed shot,*
e la mia fede io pongo, ai vostri piè.	*and I place my faith at your feet.*

LUCIA DI LAMMERMOOR
(Lucy of Lammermoor)

Music: Gaetano Donizetti. **Libretto:** Salvadore Cammarano, based on Sir Walter Scott's novel *The Bride of Lammermoor*. **First performance:** Teatro San Carlo, Naples, 26 September 1835. **Setting:** Scotland, late seventeenth century.

Cruda, funesta smania
from Act I, scene 1

Dramatic context: The Lammermoor fortune is in jeopardy. Enrico di Lammermoor has determined that the only way he can save the family's good standing is to arrange a marriage between his sister, Lucia, and Arturo Bucklaw. When Ernico learns of Lucia's secret trysts with his enemy Edgardo di Ravenswood, he becomes enraged.

Cruda, funesta smania
tu m'hai svegliata in petto!
È troppo, è troppo orribile
questo fatal sospetto!
Mi fa gelare e fremere…
solleva in fronte il crin!
Colma di tanto obbrobrio
chi suora a me nascea!
Pria che d'amor sì perfido
a me svelarti rea,
se ti colpisse un fulmine,
fora men rio dolor!

La pietade in suo favore
miti sensi invan ti detta…
Se mi parli di vendetta,
solo intender ti potrò.
Sciagurati! il mio furore
già su voi tremendo rugge…
L'empia fiamma che vi strugge,
io col sangue spegnerò!
Tacete, tacete!

A cruel and deadly agitation
you have awakened in my heart!
All too horrible
is this dread suspicion!
It makes me cold and trembling…
it makes my hair stand on end!
Full of such disgrace,
my own sister!
Rather than of such an evil love
you were to confess your guilt,
were you to be struck down by lightening,
it would cause me less anguishing grief!

Pity for him
the voice of reason cannot make me feel…
If you speak to me of revenge,
that alone will I understand.
Wicked ones! My fury
already rages at you…
The unholy flame that consumes you,
I will extinguish with blood!
Be silent, be silent!

LUISA MILLER

Music: Giuseppe Verdi. **Libretto:** Salvadore Cammarano, based on Friedrich von Schiller's play *Kabale und Liebe*. **First performance:** Teatro San Carlo, Naples, 8 December 1849. **Setting:** The Tyrol, seventeenth century.

Sacra la scelta è d'un consorte
from Act I, scene 1

Dramatic context: Miller, a retired old soldier, disapproves of his daughter Luisa's beloved, Carlo(actually Count Walter's son Rodolfo in disguise). When Count Walter's steward, Wurm, demands Luisa's hand in marriage for himself, her father insists that she must make her own decision.

Sacra la scelta è d'un consorte,
essere appieno libera deve:
nodo che sciorre sol può la morte
mal dalla forza legge riceve.
Non son tiranno, padre son io,
non si comanda de' figli al cor.
In terra un padre somiglia Iddio
per la bontade, non pel rigor!

Ah! fu giusto il mio sospetto!
Ira e duol m'invade il petto!
D'ogni bene il ben più santo,
senza macchia io vo' l'onor.
D'una figlia il don soltanto,
ciel, mi festi, e pago io son.
Ma la figlia, ma il tuo dono
serba intatto al genitor.

Sacred is the choice of a spouse,
completely free that choice must be:
a knot that only death can undo
does not take kindly to forceful imposition.
I am not a tyrant, I am a father;
you cannot give orders to your children's hearts.
On this earth a father should resemble God
for his generosity, not for his severity!

Ah! my suspicions were justified!
Anger and pain fill my breast!
Of all qualities the most sacred,
which I want to preserve without blemish, is honor.
A daughter is the only gift,
heaven, you gave me, and I am fully content.
But that daughter, your gift,
you must safeguard for this parent.

MANON LESCAUT

Music: Giacomo Puccini. **Libretto:** Domenico Oliva, Marco Praga, Luigi Illica, after Abbé Prévost's novel *L'Histoire du Chevalier des Grieux et de Manon Lescaut*. **First performance:** Teatro Regio, Turin, 1 February 1893. **Setting:** Amiens, eighteenth century.

Sei splendida e lucente
from Act II
Dramatic context: Manon Lescaut is in love with the Chevalier des Grieux, but her heart is fickle. She has left him for the rich treasurer Geronte de Revoir. When Manon's brother Lescaut arrives at Geronte's luxurious house, Manon asks him for news of Des Grieux. Lescaut replies that Des Grieux is still unable to fund her extravagant tastes.

Ah! che insiem delizioso!	*Ah! what a lovely sight!*
Sei splendida e lucente!	*You look splendid and radiant!*
M'esalto! E n'ho il perché!	*I am thrilled! And I have every reason to be!*
È mia la gloria se	*It is to my credit that*
sei salva dall'amor d'uno studente.	*you are safe from the affections of a student.*
Allor che sei fuggita… là, ad Amiens,	*When you ran off… there, at Amiens,*
mai la speranza in cor m'abbandonò!	*never did hope abandon my heart!*
Là, la tua sorte vidi! Là il magico	*There, you saw what your fate would be! There the enchanting*
fulgor di queste sale balenò.	*splendor of these halls became clear to you.*
T'ho ritrovata! Una casetta angusta	*I have found you once again! A little hovel*
era la tua dimora; possedevi	*was your home; you had*
baci… e niente scudi!	*kisses… but no money!*
È un bravo giovinotto quel Des Grieux!	*That Des Grieux is a fine young fellow!*
Ma (ahimè) non è cassiere generale!	*But (alas) not the chief treasurer!*
È dunque naturale	*Thus it was only natural*
che tu abbia abbandonato	*that you would abandon*
per un palazzo aurato	*for a gilded palace*
quell'umile dimora.	*that humble abode.*

NABUCCO
(Nebuchadnezzar)

Music: Giuseppe Verdi. **Libretto:** Temistocle Solera, after Auguste Anicet-Bourgeois's and Francis Cornu's play *Nabuchodonosor* and after Antonio Cortesi's ballet *Nabuccodonosor*. (*Nabucodonosor* is the title on Verdi's autograph score and on the first printed edition of the libretto.) **First performance:** Teatro alla Scala, Milan, 9 March 1842. **Setting:** Babylon, 587 B.C.

Dio di Giuda
from Act IV, scene 1
Dramatic context: The Babylonians have stormed Jerusalem. The Babylonian king Nebuchadnezzar fights to retain sanity, and a power struggle with his presumed daughter Abigaille ensues. Nebuchadnezzar offers a prayer to God as a last resort to save his other daughter Fenena from a death sentence.

Son pur queste mie membra?… Ah! fra le selve	*Are these my arms?… Ah! through the forest*
non scorrea anelando	*was I not running,*
quasi fiera inseguita?…	*chased like an hunted animal?…*
Ah! sogno ei fu… terribil sogno! Or ecco	*Ah! it was a dream… a terrible dream! There now*
ecco il grido di guerra! Oh, la mia spada!	*is the call to battle! Oh, my sword!*
Il mio destrier, che a le battaglie anela	*My steed, who yearns for battle*
quasi fanciulla a danze!	*as a girl for the dances!*
O prodi miei! Sïonne,	*O my warriors! Zion,*
la superba cittade, ecco torreggia…	*the mighty city, is towering before us…*
Sia nostra, cada in cenere!	*It shall be ours, and fall to ashes!*
Oh, sulle labbra de' miei fidi il nome	*Oh, from the mouths of my warriors the name*
della figlia risuona! Ecco! Ella scorre	*of my daughter echoes! There! She runs*
tra le file guerriere! Ohimè!… traveggo?	*through the soldiers' ranks! Alas!… am I hallucinating?*
Perché le mani di catene ha cinte!	*Why are her hands chained?*
Piange!	*She is crying!*
Ah, prigioniero io sono!	*Ah, I am a prisoner!*
Dio degli Ebrei, perdono!	*God of Israel, forgive me!*

Dio di Giuda! l'ara, e il tempio	*God of Judah! The altar and temple*
a te sacri, sorgeranno.	*sacred to you shall be raised.*
Deh, mi togli a tanto affanno	*Ah, relieve me of such suffering,*
e i miei riti struggerò.	*and I shall renounce my religion.*
Tu m'ascolti! Già dell'empio	*Hear me! Already the sacrilegious*
rischiarata è l'egra mente!	*has been banished from my troubled mind!*
Dio verace, onnipossente,	*True, omnipotent God,*
adorarti ognor saprò.	*I shall adore you forever.*

O prodi miei, seguitemi,	*O my valiant men, follow me;*
s'apre alla mente il giorno;	*my mind is opened to the light of day;*
ardo di fiamma insolita,	*I burn with unfamiliar passion;*
re dell'Assiria io torno!	*I am once again king of Assyria!*
Di questo brando al fulmine	*By the thunderbolt of this sword*
cadranno gli empi al suolo;	*the traitors will fall to the ground;*
tutto vedrem rifulgere	*we will see everything shine once again*
di mia corona al sol.	*of my kingdom, in the sunlight.*
Andiam.	*Let us go.*

LE NOZZE DI FIGARO
(The Marriage of Figaro)

Music: Wolfgang Amadeus Mozart. **Libretto:** Lorenzo da Ponte, based on *La Folle Journée, ou Le Mariage de Figaro*, a comedy by Pierre-Auguste Caron de Beaumarchais. **First performance:** Burgtheater, Vienna, 1 May 1786. **Setting:** Count Almaviva's château near Seville, eighteenth century.

Hai già vinta la causa!…Vedrò, mentr'io sospiro
from Act III

Dramatic context: Count Almaviva believes that he has secured a tryst with his wife's maid, Susanna, on the night of her wedding to the Count's valet, Figaro. When the Count overhears Susanna and Figaro declare that they have already won the legal case that threatens to prevent their marriage, he explodes into a vengeful tirade.

Hai già vinta la causa! Cosa sento!	*You've already won the suit? What do I hear?*
In qual laccio cadea? Perfidi! Io voglio	*In what trap have I fallen? Trecherous ones! I want*
di tal modo punirvi; a piacer mio	*thus to punish you; of my choosing*
la sentenza sarà. Ma s'ei pagasse	*the sentence shall be. But if he should pay*
la vecchia pretendente?	*the old claimant?*
Pargarla! In qual maniera? E poi v'è Antonio,	*Pay her? How? And then there's Antonio,*
che a un incognito Figaro ricusa	*who to that nobody, Figaro,*
di dare una nipote in matrimonio.	*refuses to give his niece in marriage.*
Coltivando l'orgoglio	*Feeding the pride*
di questo mentecatto,	*of this imbecile*
tutto giova a un raggiro. Il colpo è fatto.	*can only favor the scheme. Success is sure.*

Vedrò, mentr'io sospiro,	*Must I live to see*
felice un servo mio?	*a servant of mine happy?*
E un ben che invan desìo	*And a woman whom in vain I desire*
ei posseder dovrà?	*possessed by him?*

Vedrò per man d'amore,	*Shall I see the hand of love*
unita a un vile oggetto	*join a rascal to*
chi in me destò un affetto,	*the woman who roused in me an emotion*
che per me poi non ha?	*that she does not feel for me?*

Ah, no! lasciarti in pace,	*Ah, no! to leave you in peace*
non vo' questo contento.	*I have no intention.*
Tu non nascesti, audace,	*You were not born, impudent wench,*
per dare a me tormento,	*to torment me*
e forse ancor per ridere	*or even perhaps to laugh*
di mia infelicità.	*at my unhappiness.*

Già la speranza sola	*Already the mere hope*
delle vendette mie	*of getting my revenge*
quest'anima consola,	*soothes my soul*
e giubilar mi fa.	*and makes me rejoice.*

ORFEO
(Orpheus)

Music: Claudio Monteverdi. **Libretto:** Alessandro Striggio. **First performance:** The Ducal Palace, Mantua, 24 February 1607. **Setting:** Greece, mythological times.

Tu se' morta
from Act II

Dramatic context: The musician Orpheus has just celebrated his nuptials with his new wife Euridice and the two are blissfully happy. Later, as Orpheus celebrates with nymphs and shepherds, a messenger arrives to convey news of Euridice's death: she was bitten on the heel by a serpent while gathering flowers. Orpheus laments her death.

Tu se' morta, mia vita, ed io respiro?
Tu se' da me partita
per mai più non tornare, ed io rimango?
No, ché se i versi alcuna cosa ponno,
n'andrò sicuro a' più profondi abissi
e, intenerito il cor del re de l'ombre,
meco trarrotti a riveder le stelle;
o se ciò negherammi empio destino,
rimarrò teco, in compagnia di morte.
A dio terra, a dio cielo, e sole, a dio.

You are dead, my life, and I still breathe?
You have left me,
never to return, and I remain?
No, for if my song can do anything,
I will go boldly to the deepest depths
and, softening the heart of the king of darkness,
will bring you back with me to see the stars again;
or if wicked fate refuses me this,
I will remain with you, by your side in death.
Goodbye earth, sky, and sun, goodbye.

PAGLIACCI
(Clowns)

Music: Ruggero Leoncavallo. **Libretto:** Leoncavallo, based on a court case his father heard as a judge. **First performance:** Teatro del Verme, Milan, 21 May 1892. **Setting:** Montalto (a village in the Italian province of Calabria), late 1860s.

Si può?
Prologue

Dramatic context: Tonio, an actor in a traveling troupe, steps forward from the curtain and speaks directly to the audience in a prologue. He explains that the story the audience is about to see is not just a play, but is about real people and real emotions.

Si può? Signore!… Signori!… Scusatemi
se da sol mi presento. Io sono il Prologo.

May I? Ladies!… Gentlemen!… Pardon me
if I introduce myself. I am the Prologue.

Poiché in iscena ancor le antiche maschere
mette l'autore, in parte ei vuol riprendere
le vecchie usanze, e a voi di nuovo inviami.
Ma non per dirvi come pria: "Le lacrime
che noi versiam son false! Degli spasimi
e de' nostri martir non allarmatevi!"
No. L'autore ha cercato invece pingervi
uno squarcio di vita. Egli ha per massima
sol che l'artista è un uom e che per gli uomini
scrivere ei deve. Ed al vero ispiravasi.

Since on stage yet again the venerable stock characters
the author employs, to some degree he wishes to recuperate
the old traditions, and he sends me out here once more to greet you.
But not in order to tell you, as in the past: "The tears
we shed are make-believe! By our anguish
and suffering do not be alarmed!"
No. The author has tried instead to depict
a slice of life for you. His point is simply
that the artist is a person and that for people
he must write. And aim for truth.

Un nido di memorie in fondo a l'anima
cantava un giorno, ed ei con vere lacrime
scrisse, e i singhiozzi il tempo gli battevano!
Dunque, vedrete amar sì come s'amano
gli esseri umani; vedrete de l'odio
i tristi frutti. Del dolor gli spasimi,
urli di rabbia udrete, e risa ciniche!

A nest of memories in the pit of his soul
sung out one day, and he, with genuine tears,
wrote while his sobs kept time!
Thus you will see love just as
human beings love; you will see, of hate,
the sad results. Throbs of pain,
cries of anger you will hear, and cynical laughter!

E voi, piuttosto che le nostre povere
gabbane d'istrioni, le nostr'anime
considerate, poiché siam uomini
di carne e d'ossa, e che di quest'orfano
mondo al pari di voi spiriamo l'aere!

And you, rather than our poor
guises as actors, our souls should
consider, because we are people
of flesh and blood, and in this poor abandoned
world we, like you, breathe air!

Il concetto vi dissi…. Or ascoltate
com'egli è svolto. Andiam. Incominciate!

I have presented the concept. Now listen
to how it develops. Let's go. Begin!

I PURITANI
(The Puritans)

Music: Vincenzo Bellini. **Libretto:** Carlo Pepoli, after the play *Têtes Rondes et Cavaliers* by Jacques-Arsène Ancelot and Joseph Xavier Boniface. **First performance:** Théâtre Italien, Paris, 24 January 1835. **Setting:** England, seventeenth century, during the English Civil War.

Ah! per sempre io ti perdei
from Act I, scene 1
Dramatic context: Lord Walton, Governor General of a fortress near Plymouth, hosts the wedding of his daughter Elvira and Lord Arturo Talbo. Sir Riccardo Forth, a Puritan colonel, reveals that he had longed to marry Elvira. He grieves, knowing that she does not return his love.

Or dove fuggo io mai? Dove mai celo
gli orrendi affanni miei? Come quei canti
mi risuonano all'alma amari pianti!
O Elvira, Elvira, o mio sospir soave,
per sempre io ti perdei!
Senza speme ed amor, in questa vita
or che rimane a me?

Ah! per sempre io ti perdei,
fior d'amore, o mia speranza.
Ah! la vita che m'avanza
sarà piena di dolor!
Quando errai per anni ed anni
in poter della ventura,
io sfidai sciagura e affanni
nella speme del tuo amor.

Now wherever do I flee? Where will I hide
my terrible troubles? How those songs
sound like bitter weeping to my soul!
O Elvira, Elvira, O my gentle spirit,
I lost you forever!
Without trust and love, in this life
what is now left to me?

Ah! I lost you forever,
flower of love, O my hope.
Ah! the life that remains to me
will be filled with sorrow!
When I wandered for years and years
at the mercy of fortune,
I dared disaster and hardship
in the trust of your love.

RIGOLETTO

Music: Giuseppe Verdi. **Libretto:** Francesco Maria Piave, based on Victor Hugo's play *Le Roi S'amuse*. **First performance:** Teatro La Fenice, Venice, 11 March 1851. **Setting:** Mantua, sixteenth century.

Pari siamo!
from Act I
Dramatic context: Returning home from court, the hunchback jester Rigoletto recalls the curse that Monterone has just pronounced upon him. He meets the assasin Sparafucile, who offers his services. Rigoletto declines and, once more alone, compares his own vicious tongue with the assasin's blade.

Pari siamo! Io la lingua, egli ha il pugnale!
L'uomo son io che ride, ei quel che spegne!…
Quel vecchio maledivami!…

O uomini! O natura!
Vil scellerato mi faceste voi!
Oh rabbia! esser difforme! esser buffone!
Non dover, non poter altro che ridere!
Il retaggio d'ogni uom m'è tolto… il pianto!

Questo padrone mio,
giovin, giocondo, sì possente, bello,
sonnecchiando mi dice:
Fa ch'io rida, buffone.
Forzarmi deggio, e farlo! Oh dannazione!
Odio a voi, cortigiani schernitori!
quanta in mordervi ho gioia!
Se iniquo son, per cagion vostra è solo…
Ma in altr'uomo qui mi cangio!
Quel vecchio maledivami!… Tal pensiero
perché conturba ognor la mente mia?…
Mi coglierà sventura?… Ah, no! è follia!

We are equally armed! I have my tongue, he his dagger!
I am the man who laughs, he the one who annihilates!…
That old man cursed me!…

O men! O nature!
A contemptible villain you have made me!
O rage! to be deformed! to be a buffoon!
Who must not, cannot do anything but laugh!
The birthright of every man is denied me… to cry!

This lord of mine,
young, jaunty, so powerful, handsome,
says to me as he nods off:
Make me laugh, buffoon.
I must force myself to do it! O damnation!
I despise you, mocking courtiers!
How I delight in goading you!
If I am unjust, it is your fault alone…
But I will change now into another man!
That old man cursed me!… That thought,
why does it incessantly trouble me?…
Will I be smitten by misfortune?… Ah, no! that's folly!

RINALDO

Music: George Frideric Handel. **Libretto:** Giacomo Rossi, based on Aaron Hill's outline of Tasso's *Gerusalemme Liberata*. **First performance:** Queen's Theatre, London, 24 February 1711. **Setting:** Jerusalem, late eleventh century, during the first crusade.

Sibillar gli angui d'Aletto
from Act I

Dramatic context: Argante is the Saracen King of Jerusalem. Having decided to enlist the help of the sorceress Armida to ward off a seige by the Christian crusaders, he emerges from the city gates of Jerusalem.

Sibillar gli angui d'Aletto,	*The hiss of the serpents of Alecto*
e latrar vorace Scilla,	*and the ravenous barking of Scylla*
parmi udir d'intorno a me.	*I seem to hear around me.*
Rio velen mi serpe in petto,	*Wicked poison lurks in my breast,*
né ancor languida favilla	*nor must you simper further*
di timor, pena mi diè.	*of fear; it gives me pain.*

IL TABARRO
(The Cloak)

Music: Giacomo Puccini. **Libretto:** Giuseppe Adami, after Didier Gold's play *La Houppelande*. **First performance:** Metropolitan Opera, New York, 14 December 1918. **Setting:** Paris, 1910; the Seine.

Nulla!... Silenzio!...

Dramatic context: The violent barge master Michele knows that his wife is unfaithful. After saying good night to her, he lurks outside their cabin on the barge, trying to guess the identity of her lover. (Puccini replaced "Scorri, fiume eterno" with this definitive substitute in 1921.)

Nulla!... Silenzio!...	*Nothing!... Silence!...*
È là!... Non s'è spogliata...	*She is there!... She has not disrobed...*
non dorme... aspetta...	*she does not sleep... she waits...*
Chi?... Che cosa aspetta?...	*For whom?... What is she waiting for?...*
Forse il mio sonno!...	*Perhaps for me to fall asleep!...*
Chi l'ha trasformata?	*Who changed her?*
Qual ombra maledetta	*What evil shadow*
è discesa fra noi?...	*has descended between us?...*
Chi l'ha insidiata?	*Who seduced her?*
Il Talpa? Troppo vecchio!	*Talpa? Too old!*
Il Tinca forse?	*Tinca perhaps?*
no, no, non pensa... beve.	*no, no, he doesn't think... he drinks.*
E dunque chi?	*And so who?*
Luigi? No... se proprio questa sera	*Luigi? No... since this very evening*
voleva abbandonarmi... e m'ha fatto preghiera	*he planned to abandon me and begged me*
di sbarcarlo a Rouen!...	*to drop him off at Rouen!...*
Ma chi dunque? Chi dunque? Chi sarà?...	*But who then? Who then? Who could it be?...*
Ah! Squarciare le tenebre!... Vedere!	*Ah! To shed light in the darkness!... To see!*
E serrarlo così, tra le mie mani!	*And grab him, like this, with my hands!*
E gridargli: Sei tu!... Sei tu!... Il tuo volto	*And shout: It's you!... It's you!... Your face*
livido, sorrideva alla mia pena!	*smiled livid at my suffering!*
Su! Dividi con me questa catena!	*Come! Share this chain with me!*
Accumuna la tua con la mia sorte!...	*Join your fate with mine!...*
Giù! insiem! nel gorgo più profondo!...	*Down! together! in the deepest whirlpool!...*
La pace è nella morte!	*Peace resides in death!*

LA TRAVIATA
(The Fallen Woman)

Music: Giuseppe Verdi. **Libretto:** Francesco Maria Piave, after the play *La Dame aux Camélias* by Alexander Dumas, Jr. **First performance:** Teatro La Fenice, Venice, 6 March 1853. **Setting:** Paris, 1850s.

Di Provenza il mar, il suol
from Act II

Dramatic context: Alfredo Germont occupies a country house near Paris with the courtesan Violetta Valery; the two are deeply in love. Alfredo's father Giorgio Germont arrives and convinces Violetta that she must reject Alfredo so that Alfredo's honor, as well as his sister's, can be saved. Violetta, agreeing to the painful solution, hastily writes a letter to Alfredo and immediately departs for Paris. Alfredo returns to the house to find it empty; he is destroyed by Violetta's departure. Germont returns to comfort his son with thoughts of his family home.

Di Provenza il mar, il suol	*The sea, the countryside of Provence,*
chi dal cor ti cancellò?	*who erased them from your heart?*
Al natio fulgente sol	*From your resplendent native sun*
qual destino ti furò?	*what destiny has stolen you?*
Oh, rammenta pur nel duol	*Oh, remember in your sorrow*
ch'ivi gioia a te brillò,	*that back there you glowed with joy,*
e che pace colà sol	*and that there alone can peace*
su te splendere ancor può.	*yet again shine upon you.*
Dio mi guidò!	*God has guided me!*
Ah, il tuo vecchio genitor	*Ah, your old father,*
tu non sai quanto soffrì!	*you can't imagine how much he suffered!*
Te lontano, di squallor	*With you far away, misery*
il suo tetto si coprì.	*descended upon his home.*
Ma se alfin ti trovo ancor,	*But if now I find you again,*
se in me speme non fallì,	*if my hope did not fail me,*
se la voce dell'onor	*if the sense of honor*
in te appien non ammutì…	*within you has not been completely extinguished…*
Dio m'esaudì!	*God will have answered my prayers!*

IL TROVATORE
(The Troubador)

Music: Giuseppe Verdi. **Libretto:** Salvadore Cammarano (completed by Leone Emanuele Bardare after Cammarano's death in 1852), based on the Spanish play *El Trovador* by Antonio Garcia Gutiérrez. **First performance:** Teatro Apollo, Rome, 19 January 1853. **Setting:** Spain, fifteenth century.

Il balen del suo sorriso
from Act II, scene 2

Dramatic context: Hidden in the convent where Leonora is cloistered, the young Count di Luna vows to steal Leonora away. However, Leonora loves the Troubador (Manrico) who often serenades her from a distance. The Count di Luna extols Leonora's beauty.

Tutto è deserto, né per l'aure ancora	*All is deserted, nor yet in the air*
suona l'usato carme…	*does the traditional chant resound…*
In tempo io giungo!	*I have arrived in time!*
Ardita, e qual furente amore	*A bold task, and what raging passion*
ed irritato orgoglio	*and wounded pride*
chiesero a me. Spento il rival, caduto	*it required of me. With my rival dead, fallen*
ogni ostacol sembrava a' miei desiri;	*seemed every obstacle to my desires;*
novello e più possente ella ne appresta…	*a new and a more difficult obstacle she now raises…*
L'altare! Ah, no! Non fia	*Religious vows! Ah, no! Never*
d'altri Leonora! Leonora è mia!	*to another shall Leonora belong! Leonora is mine!*

Il balen del suo sorriso	*The brightness of her smile*
d'una stella vince il raggio;	*outshines any star;*
il fulgor del suo bel viso	*the radiance of her lovely face*
novo infonde a me coraggio.	*fills me with new courage.*
Ah! l'amore, l'amore ond'ardo	*Ah! may the love, the love with which I burn*
le favelli in mio favor!	*speak to her favorably of me!*
Sperda il sole d'un suo sguardo	*Let the sun's rays disperse*
la tempesta del mio cor.	*the tempest in my heart.*

I VESPRI SICILIANI
(The Sicilian Vespers)

Music: Giuseppe Verdi. **Libretto:** Eugène Scribe and Charles Duveyrier after their libretto *Le duc d'Albe*. The opera was originally sung in French *(Les Vêpres Siciliennes)*, but performance in Italian has long been standard. **First performance:** Opéra, Paris, 13 June 1855. **Setting:** Palermo, Sicily, 1282.

In braccio alle dovizie
Act III, scene 1

Dramatic context: Guido de Monforte, Governor of Sicily, is in danger of assassination by rebels. His son Arrigo, whose mother was kidnapped by Monforte, has never learned his father's identity, knowing Monforte only as governor. Monforte summons Arrigo to the study in his palace, describing his desire to be reunited with his son.

In braccio alle dovizie,	*Absorbed by responsibility,*
nel seno degli onor, [in]	*surrounded by honor,*
un vuoto immenso, orribile	*an emptiness immense and horrible*
regnava nel mio cor!	*ruled my heart!*
D'un avvenir beato	*A blissful future*
splende il sorriso a me,	*shines its smile upon me,*
se viver mi fia dato,	*if it has been granted me to live,*
figlio, viver vicino a te!	*my son, beside you!*
L'odio invano a me lo toglie,	*Useless hatred took him from me;*
vincerà quel fero cor,	*that proud heart will be conquered,*
nel fulgor di queste soglie,	*in the splendor of these premises,*
col paterno immenso amor,	*by immense paternal love;*
lo vinca amore del genitor!	*it will be conquered by a father's love!*

LE VILLI
(The Willis)

Music: Giacomo Puccini. **Libretto:** Ferdinando Fontana, after Alphonse Karr's short story "Les Willis." **First performance:** Teatro dal Verme, Milan, 31 May 1884. **Setting:** Black Forest of Germany during olden (probably medieval) times.

No! possibil non è… Anima santa
from Act II

Dramatic context: After Roberto falls prey to a seductress and abandons his betrothed, Anna, she dies of grief. Her spirit unites with the Willis, vengeful ghosts who prey on faithless lovers. Gugielmo, Anna's father, grieves for his daughter after her death.

No! possibil non è che invendicata	*No! it is not possible that unpunished*
resti la colpa sua. Vivea beata	*his guilt shall remain. She lived happy*
e tranquilla al mio fianco	*and serene at my side,*
la mia dolce figliola,	*my sweet little daughter,*
ed egli venne… e, colla sua parola,	*and he came… and, with his words,*
d'amor le smanie in lei destò. Chi, dunque,	*he awakened in her a craving for love. Whoever,*
o scellerato, l'amor tuo ti chiese?	*O villain, asked for your affection?*
Quali orribili offese	*What horrible injury*
t'abbiam mai fatto noi	*did we ever do you*
per uccider quell'angelo,	*to kill that angel*
e agli estremi miei giorni	*and to the end of my days*
serbar cotanta angoscia?	*carry with me so much sorrow?*
No! possibil non è che invendicata	*No! it is not possible that unpunished*
resti colpa sì grande!	*so great a guilt shall remain!*
Anima santa della figlia mia,	*That blessed soul of my daughter,*
se la leggenda delle Villi è vera,	*if the legend of the Willis is true,*
deh! non esser con lui, qual fosti, pia.	*ah! do not be toward him, as you once were charitable.*
Ma qui, l'attendi al cader della sera.	*But here, wait for him when evening falls.*
S'io potessi saperti vendicata	*If I knew you were avenged,*
lieto saluterei l'ultimo dì.	*I would gladly greet my final hour.*
Ah, perdona, o Signor, l'idea spietata	*Ah, forgive, O Lord, this cruel thought*
che dal mio cor, che sanguina, fuggì.	*which escaped my bleeding heart.*

Ecco il monologo
ADRIANA LECOUVREUR

Francesco Cilea
(1866-1950)

Fiora! Piccolo fiore

L'AMORE DEI TRE RE

Italo Montemezzi
(1875-1952)

per - ché _____ trop - pa lu - ce

e - sce dal cuo - re mi - o

che _____ si con - fon - de

e si mi - schia _____ e mol -

Nemico della patria
ANDREA CHÉNIER

Umberto Giordano
(1867-1948)

Come due tizzi accessi

L'ARLESIANA

Francesco Cilea
(1866-1950)

giar - ti a - vrò! _____

Lento (♩ =*poco più mosso del precedente*)

Il sol tra - mon - ta, _____ scen _ de la

rit.

Lento (♩ =*poco più mosso del precedente*)

a tempo

se - - ra; e con la se - ra s'an - nun - zia la

a tempo

mor - te. _____ Ma le - i da

no - - - - so,   e il sol,   il sol ne - gli oc-chi la ba -

ciò; _____   poi glie - li chiu - se al - l'ul - ti - mo ri -

po - - - - so! _____

Dagl'immortali vertici
ATTILA

Giuseppe Verdi
(1813-1901)

Allegro

bar - ba-ro le mie schie - re pa - ven - - ti!

Allegro

Un pro - de guer-rier ca - nu - to pie-ghe-rà mai

sem - pre di-nan-zi a im-bel-le, a con-cu-bi-no ser-vo? Ben io ver -

rò... ma qual s'ad-di-ce al for - te, il cui po-ter su-pre-mo la

32
pa - tria le - ve - rà _____ da tan-to e - stre _ _ _ _ _ _

36
mo!

41 **Andante** (♩ = 60)
Da - gl'im - mor-ta - li ver - - ti-ci

44
bel - li di glo - ria_un gior - - no, l'om - bre de-gli_a - vi_ah,

91 so - no ad o - gni guer - ra; s'io ca - drò, ca - drò da

94 for - - te, e il mio no - me re - ste - rà. Non ve -

97 drò l'a - ma - ta ter - ra sve - nir len - ta e far - si a

100 bra - no... so - pra l'ul - ti - - mo ro - ma - - no tut - ta I-

Sono un grosso mercante
BELFAGOR

Ottorino Respighi
(1879-1936)

ri den-tro e di fuo - ri.

Allegretto (♩ = 88)

Ven - go a ra - pir - vi in quel - la por - tan -

ti - na de - gna d'u - na re - gi - na,

gial - la e fra - gran - te co - me un __ croc -

can - te.   Là son quei ser - - vi ai vo - stri

cen - ni pron - - - - ti, i - - o qui

vo-stro val - let - to v'of-fro e pro - met - - to ma - ri e mon - - ti:

Vivo non troppo (♩ = 88)

mon - - - ti di tri - - - ne e

Alla vita che t'arride

UN BALLO IN MASCHERA

Giuseppe Verdi
(1813-1901)

mor   più __ de - sto è l'o _ _ dio   le   sue

vit _ _ ti - me, sue vit - ti-me a col - pir.   Te per-du-to, o-v'è la   pa - tria, ah! te per-

presto

du _ _ _ to,   o - v'è   la   pa - tria _____ col   suo splen-di-do av - ve -

nir? _____

p a tempo

Eri tu che macchiavi quell'anima

UN BALLO IN MASCHERA

Giuseppe Verdi
(1813-1901)

co - - re, del - le la - cri - me mi - e ____ ven - di - ca -

fremente *cupo* **Andante sostenuto (♩ = 52)**

tor, ven - di - ca - tor, ven - di - ca - tor!

Andante sostenuto (♩ = 52)

E ri

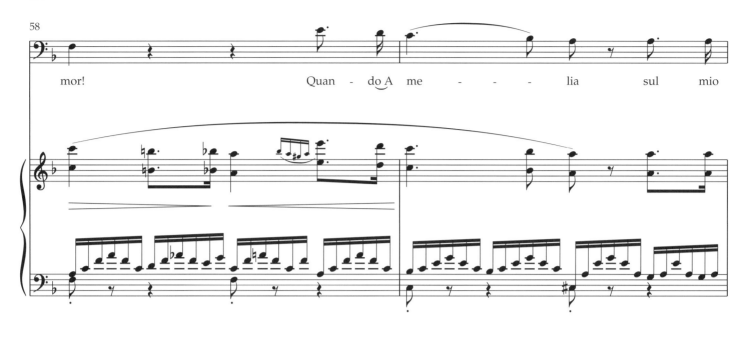

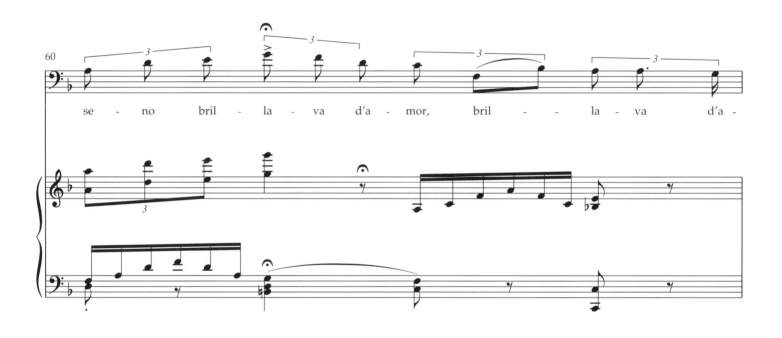

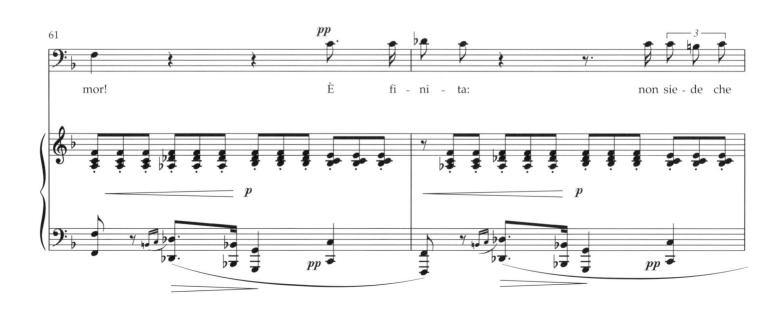

Largo al factotum
IL BARBIERE DI SIVIGLIA

Gioachino Rossini
(1792-1868)

la ran la là,

la ran la le - ra,

la ran la là.

pp cresc.

ff

tà,   for - tu - na - tis - si - mo per ve - ri - tà.   La la ran

la   la   la ran la   la ran la   la ran la   la ran la   la ran la.

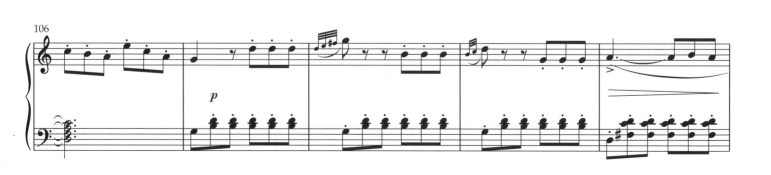

Va pur... Se non giovano

LA CALISTO

Francesco Cavalli
(1602-1676)

a cura di Jennifer Williams Brown

Ritornello

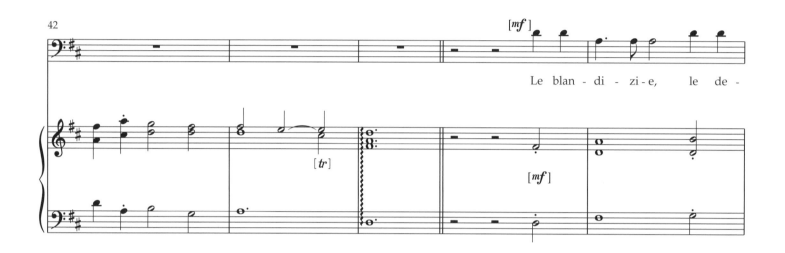

Le blan - di - zi - e, le de -

li - zi - e di Cu - pi - do a la - dro in - ge - gno, più con - di - te, sa - po -

ri - te, son più gra - te; io, io ve l'in - se - gno:

Come un'ape ne' giorni d'aprile
LA CENERENTOLA

Gioachino Rossini
(1792-1868)

n'a - pe ne' gior - ni d'a - pri - - - le va vo - lan - do leg-gie - ra, e scher-

105

vrà, _____ qui _____ na - - scer do - vrà,

che _____ tra - ge - - dia _____ qui na - - scer _ do -

vrà.)

Rivolgete a lui lo sguardo

COSÌ FAN TUTTE

Wolfgang Amadeus Mozart
(1756-1791)

i - - dol _____ mi - o, _____ pie - tà, _____ pie - tà.

(*a Dorabella*)

E voi, ca - ra, un sol mo -

men - to il bel ci - - glio a me vol - ge - te, e nel

mio ri - tro - ve - re - - te quel che il lab - bro dir non

bron - zo i miei de - si - ri. Se si par - la poi di

mer - to, cer-to io so - no, ed e-gli è cer - - - -

- to, che gli u-gua-li non si tro-va-no da Vi - en - na al Ca - na -

dà; se si par - la poi di mer - to, cer-to io

di co - stan - za, spec - chi son __ di __ fe - del - tà,

spec - chi son di fe - del - tà, spec - chi

son di fe - del - tà, di fe - del - tà, di

fe - del - tà, di fe - del - tà!

Per me giunto

DON CARLO

Giuseppe Verdi
(1813-1901)

Son io, mio Car - lo.
C'est moi, Car - los!

U - scir tu dêi   da que-st'or-ren-do a-vel.
Tu vas sor - tir   de ce fu - nè - bre lieu.

d'or _____ ri - na - - scer tu _____ fa - rai;
d'or _____ re - naî - tra, _____ re - naî - tra sous ta loi,

re - gna - re tu do - ve - vi, ed io mo - rir per
oui, tu de - vais ré - gner, et moi mou - rir pour

Allegro mosso (♩ = 152)

te!
toi!

Per me!
Pour moi!

Allegro mosso (♩ = 152)

ff

pp

La ven-det - ta del Re tar - da - re non po - te - a!
La ven-gean - ce du Roi ne se fait pas at - ten - dre!

ff

140

Bella siccome un angelo
DON PASQUALE

Gaetano Donizetti
(1797-1848)

O vecchio cor, che batti

I DUE FOSCARI

Giuseppe Verdi
(1813-1901)

33 co-me a' pri - m'an - ni in se - - - no, fos - si tu fred - do al - me - no co - me _ l'a -

37 vel, l'a-vel t'a-vrà, l'a-vel t'a - vrà. Ma cor di pa - dre

40 se - - - i, ve - di lan - gui - re un fi - - - glio;

43 pian - gi pur tu, se il ci - glio più la - - gri - me _ non

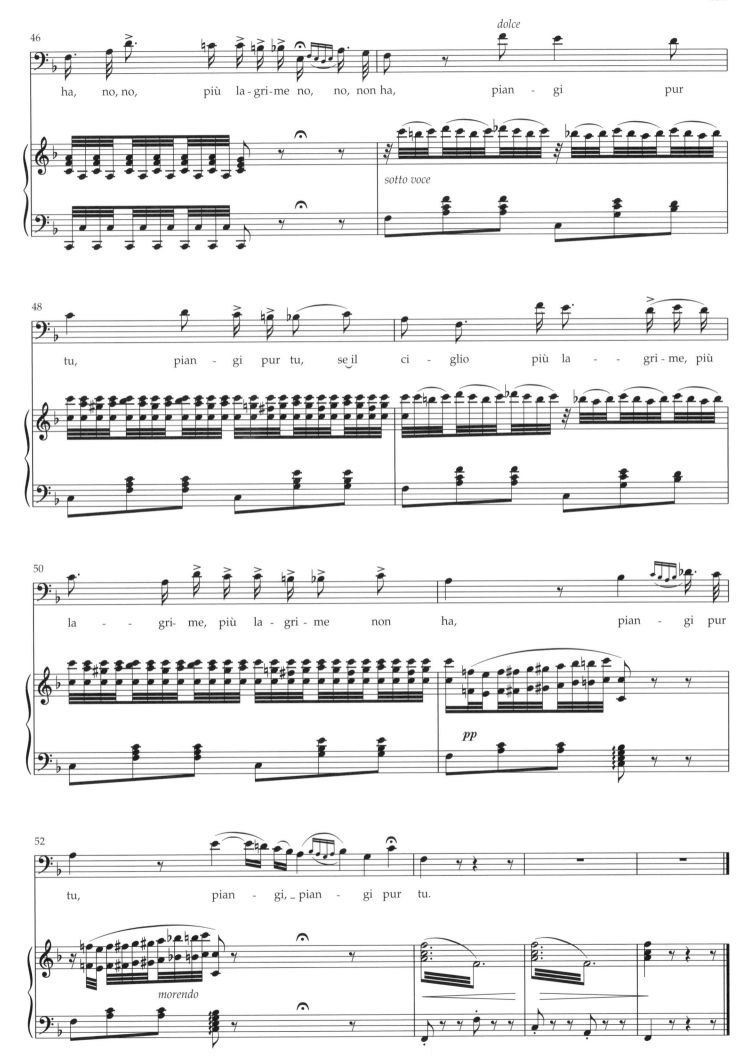

Questo amor

EDGAR

Giacomo Puccini
(1858-1924)

Que - sto a - mor, ver - go - gna mi - a, i - o spez - zar, scor - dar vor - re - i; ma d'u - n'or - ri - da ma - lì - a so - no schia - vi i sen - si

Come Paride vezzoso

L'ELISIR D'AMORE

Gaetano Donizetti
(1797-1848)

nel - la, io ti por - go ques - ti fior. Ma di

lui più glo - ri - o - so, più di lui fe - li - ce io

so - no, poi - ché in pre - mio del mio do - - - -

no, poi-ché in pre-mio del mio do - - no ne ri - por - to il tuo bel

Andantino

cor.

Andantino

Veg-go chia-ro in quel vi - si - no   ch'io fo brec-cia nel tuo

a piacere

pet - - - to.   Non è co-sa sor-pren-

col canto

Vien, Leonora, a' piedi tuoi

LA FAVORITA

Gaetano Donizetti
(1797-1848)

162

È sogno? o realtà?...
FALSTAFF

Giuseppe Verdi
(1813-1901)

Sve-glia-ti! Su! ti de-sta! Tua mo-glie sgar-ra e met-te in mal as-

set - to l'o-nor tuo, la tua ca - sa ed il tuo let - to!

Lo stesso movimento (♩ = 120)

L'o - ra è fis - sa - ta, tra-ma - to l'in-

96
ppp
morendo
98
con violenza
Molto più lento (♩ = 80)
Ven-di-che-rò l'af - fron - to! Lau - da - ta sem - pre
Molto più lento (♩ = 80)
103
si - a nel fon - do del mio cor la ge-lo -
106
si - - - a.

Minnie, dalla mia casa son partito
LA FANCIULLA DEL WEST

Giacomo Puccini
(1858-1924)

Raccogli e calma
IL FIGLIUOL PRODIGO

Amilcare Ponchielli
(1834-1886)

A forza di martelli

LA FINTA GIARDINIERA

Wolfgang Amadeus Mozart
(1756-1791)

può__ ca - pa - ci - tar.

A for - za di mar -

tel - li il fer - ro si ri - du - ce, a

for - za di __ scar - pel - li il mar - mo si __ la -

Si corre dal notaio

GIANNI SCHICCHI

Giacomo Puccini
(1858-1924)

Son Pereda, son ricco d'onore
LA FORZA DEL DESTINO

Giuseppe Verdi
(1813-1901)

stu - dio an - cor po - co mi man - ca... Di ___ là ___ Var - gas mi tol - se da un

an - no, e a ___ Si - vi - glia con sè ___ mi gui -

dò. Non trat - ten - ne Pe - re - da al - cun dan - no, per ___ l'a -

mi - co il suo co - re par - lò.

Del - la suo-ra un a-man-te stra-nie - ro co - là il

pa - dre gli a-vea ____ tru - ci-da - to, ed il fi - glio, da pro' ca - va -

lie - ro, la ____ ven - det - ta ne a-vea ____ giu - ra - to... Gl'in - se -

guim - mo di Ca - di - ce in ri - va, né ____ la ____ cop - pia fa - tal ____ si tro -

51 rò. Ver - so A - me - ri - ca il ma - re sol - ca - va, e ___ Pe -

54 re - da a' suoi stu - di tor - nò.

Poco più vivo

57 Pe - re - da a' suoi stu - di tor - nò, a' suoi stu - di tor -

60 nò, tor - - - nò.

Bacio di lama
I GIOIELLI DELLA MADONNA

Ermanno Wolf-Ferrari
(1876-1948)

Cruda, funesta smania
LUCIA DI LAMMERMOOR

Gaetano Donizetti
(1797-1848)

Allegro moderato

La pie-ta — — de in suo _ fa - vo - re   mi - ti sen - si   in-van ti

det — ta...   Se mi par — - li di __ ven-det — ta,   so - lo in-

 rò, spe - - gne - rò, spe - - gne - rò,___ col___ san - gue ___

spe - - gne - rò.

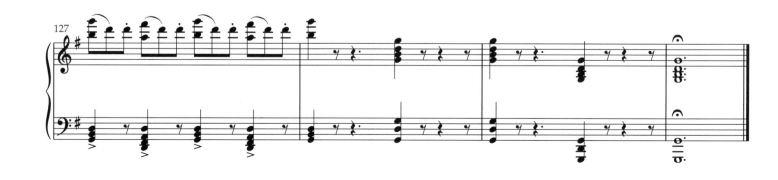

Sacra la scelta è d'un consorte

LUISA MILLER

Giuseppe Verdi
(1813-1901)

223

Allegro moderato (♩ = 100)

Ah! fu giu - sto il mio so - spet - to! I - ra e duol m'in - va - de il pet - to! D'o - gni be - ne il ben più san - to, sen - za mac - chia ____ io vo' l'o - nor. D'u - na

mac - chia _____ io vo' l'o-nor. D'u - na fi - glia il don sol -

tan - to, ciel, mi fe - sti e pa - go son. Ma la

dolce

fi - glia, ma il tuo _____ do - no ser - ba in-tat - to al ge - ni -

a tempo

tor. Ah! _____ Ah! fu giu - sto il mio so - spet - to! I - ra e

Sei splendida e lucente

MANON LESCAUT

Giacomo Puccini
(1858-1924)

Dio di Giuda

NABUCCO

Giuseppe Verdi
(1813-1901)

strier, che a le bat-ta-glie a ne-la qua - si fan-ciul - la a dan-ze!

ff

f

O pro - di mie - i! Si - on - ne, la su-per-ba cit - ta - de, ec - co tor-

reg - gia... sia no - stra, ca - da in ce - ne-re!

Marcia funebre

[*p*]

Oh, sul - le

Marcia funebre

[*p*]

lab - bra de' miei fi - di il no - me del-la fi - glia ri - suo - na!

Ec - co! El - la scor - re tra le fi - le guer -

ri - e - re! Ohi - mè!... tra - veg - - go?

Per - ché le ma - ni di ca - te - ne ha cin - te? ____

Pian - ge!

Allegro

Ah, pri - gio - nie - - ro io

so - no!

ff

p leggerissimo

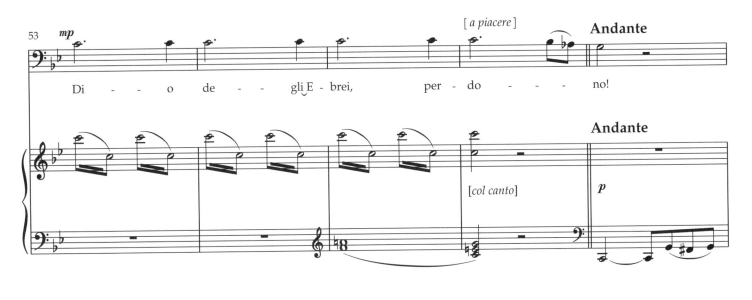

Di - - o de - - gli E - brei, per - do - - - no!

Di - - o di___ Giu - - da! l'a - - ra e il

rar - - - - - ti o - gnor sa-prò.

Hai già vinta la causa!...
Vedrò, mentr'io sospiro

LE NOZZE DI FIGARO

Wolfgang Amadeus Mozart
(1756-1791)

† appoggiatura

107
Già la spe - ran - za so - la del - le ven - det - te

110
mi - e que - st'a - ni - ma con - so - la, e

cresc.

113
giu - bi - lar mi fa, __ e __ giu - bi - lar, e giu - bi - lar mi

p   f   p

117
fa. Ah, ___ che la-sciar - ti in pa - ce, non vo' que-sto con - ten - to.

f   p   f   p

135

so - la   del - le ven-det - te   mi - e   que -

138

st'a - ni - ma con - so - la,   e   giu - bi - lar mi

141

fa, ___ e ___ giu - bi - lar,   e   giu - bi - lar mi

144

fa, ___ e ___ giu - bi - lar, ___

Tu se' morta
ORFEO

Claudio Monteverdi
(1567-1643)

a cura di P.T.

ram - mi em - - - pio de - sti - no, ri - mar - rò te - co,

in com - pa - gnia di mor - - te. A dio

ter - - ra, a dio cie - - lo,

[cresc.]

e so - - le, a di - - o.

[mf] [dim.] [p] [rit.] [pp]

† abbellimento possibile

rit.

di - - - o.

Si può?

PAGLIACCI

Ruggero Leoncavallo
(1858-1919)

Ah! per sempre io ti perdei

I PURITANI

Vincenzo Bellini
(1801-1835)

Andante affettuoso (♩ = 50)

pian - ti! O El - vi - ra, El - vi - ra, o mi - o so - spir so - a - ve, per

sem - pre, per sem - pre io ti_____ per - de - i!

Sen - za spe-me ed a-mor, sen - za spe-me ed a-mor, in que - sta

vi - ta or che ri - ma - ne a me, or che_ ri - ma - ne a

col canto

Pari siamo!

RIGOLETTO

Giuseppe Verdi
(1813-1901)

Il balen del suo sorriso

IL TROVATORE

Giuseppe Verdi
(1813-1901)

d'ar - do le fa - vel - li in mio fa - vo - re! Sper - da il so - le d'un suo

sguar - do la _ tem-pe - sta del _ mio cor. Ah! l'a-mor, l'a-mo - re on-d'ar - do le fa - vel - li in mio fa -

vor! _____ Sper - da il so - le d'un suo sguar - do la _ tem - pe - sta,

ah! _____ la tem-pe-sta del mio cor.

Sibillar gli angui d'Aletto

RINALDO

George Frideric Handel
(1685-1759)

a cura di J.M.B.

Argante

Si - bil - lar _____ gli an - gui _ d'A -

let - to, _____

si - bil - lar _____ gli an - gui _ d'A - let - to, _____

e la - trar _____

gli an - gui d'A -

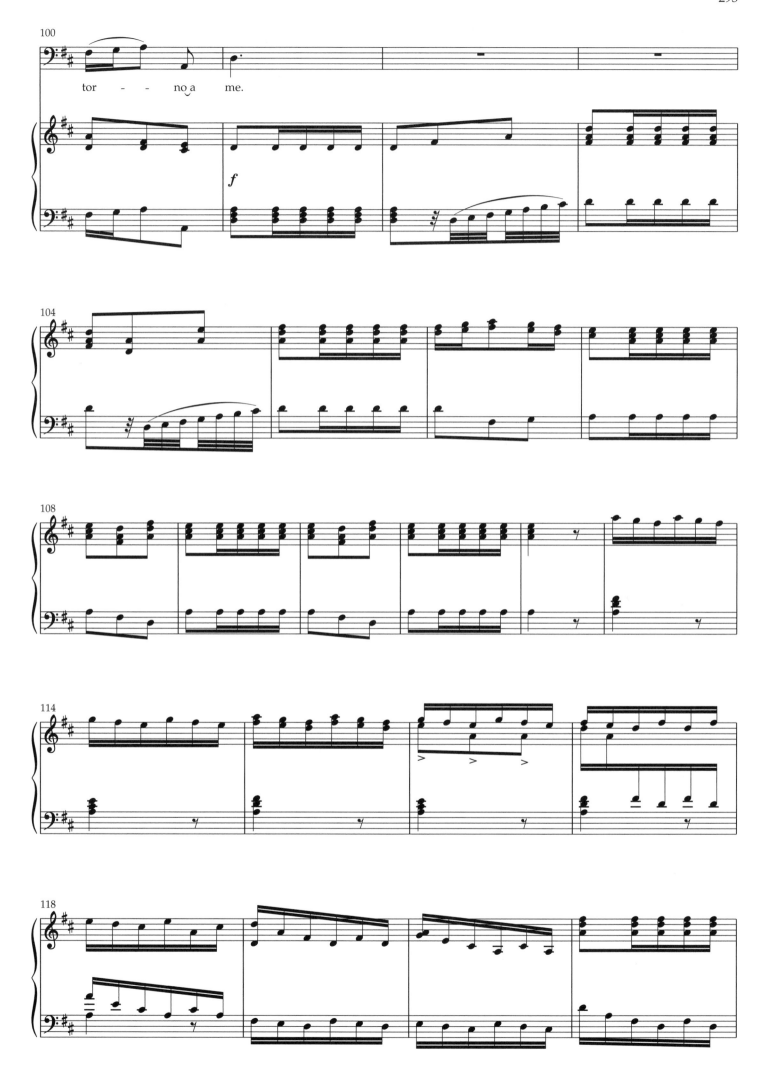

tor - - no a me.

Nulla!... Silenzio!...
IL TABARRO

Giacomo Puccini
(1858-1924)

Lu - i - gi? No... se pro - prio que-sta se - ra vo - le - va ab-ban-do-nar - mi...

e m'ha fat - to pre-ghie - ra di sbar-car - lo a Rou - en!... Ma chi dun-que? Chi dun - que? Chi sa -

rà?... Squar-cia - re le te - ne - bre!... Ve - de - re! E ser-rar - lo co - sì, fra le mie

ma - ni! E gri-dar - gli: Sei tu!... Sei tu!... E gri-dar - gli: Sei tu!... Sei tu!...

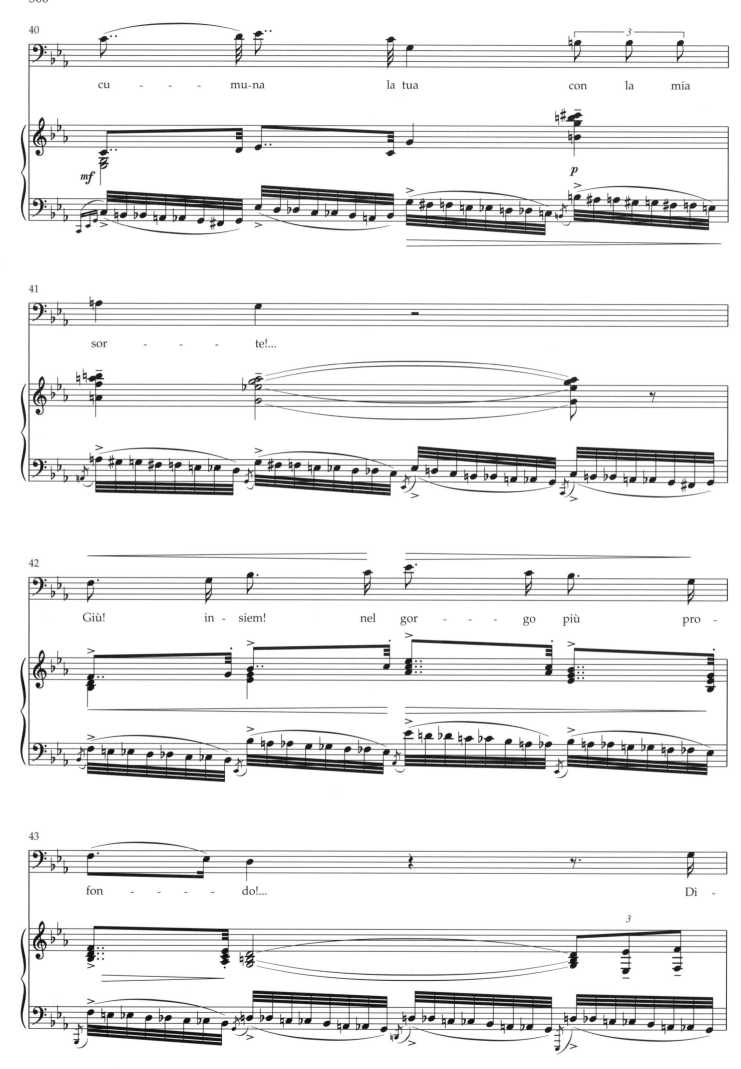

Di Provenza il mar, il suol

LA TRAVIATA

Giuseppe Verdi
(1813-1901)

In braccio alle dovizie

I VESPRI SICILIANI

Guiseppe Verdi
(1813-1901)

No! possibil non è... Anima santa

LE VILLI

Giacomo Puccini
(1858-1924)

l'a - mor tu - o ti chie - se? Qua - li or -

ri - bi - li of - fe - se t'ab - biam mai fat - to no - i

per uc - ci - der quel l'an - ge - lo, e a - gli e - stre - mi miei gior - ni ser -

bar co - tan - ta an - go - scia?

ANTHOLOGY OF ITALIAN OPERA *in 5 volumes*

50484600 SOPRANO $19.95
Contents, 41 arias: ADRIANA LECOUVREUR (Cilea): Io son l'umile ancella • Poveri fiori • AGRIPPINA (Handel): Bel piacere • ALCINA (Handel): Ah, mio cor! • UN BALLO IN MASCHERA (Verdi): Morrò, ma prima in grazia (with solo cello part) • BELFAGOR (Respighi): O mamma, mamma • LA BOHÈME (Puccini): Mi chiamano Mimì • Quando men vo • D'onde lieta • LA CALISTO (Cavalli): Piante ombrose • I CAPULETI I MONTECCHI (Bellini): Oh! quante volte • LA CLEMENZA DI TITO (Mozart): S'altro che lacrime • COSÌ FAN TUTTE (Mozart): Come scoglio • DON GIOVANNI (Mozart): Ah! fuggi il traditor! • Mi tradi quell'alma ingrata • DON PASQUALE (Donizetti): Quel guardo il cavaliere... So anch'io la virtù magica • ERNANI (Verdi): Ernani!... Ernani, involami • GIANNI SCHICCHI (Puccini): Oh! mio babbino caro • GIULIO CESARE (Handel) • Piangerò la sorte mia • Da tempeste il legno infranto • IDOMENEO (Mozart): Zeffiretti lusinghieri • LUCIA DI LAMMERMOOR (Donizetti): Regnava nel silenzio • LUCREZIA BORGIA (Donizetti): Come' è bello! Quale incanto • MADAMA BUTTERFLY (Puccini): Un bel dì, vedremo • IL MARITO DISPERATO (Cimarosa): Dovrei punirti • MEFISTOFELE (Boito): L'altra notte in fondo al mare • LE NOZZE DI FIGARO (Mozart): Dove sono i bei momenti • PAGLIACCI (Leoncavallo): Stridono lassù • IL RE PASTORE (Mozart): L'amero, saro costante (with solo violin part) • LA SERVA PADRONA (Pergolesi): Stizzoso, mio stizzoso • LA SONNAMBULA (Bellini): Ah! non credea mirarti... Ah! non giunge • SUOR ANGELICA (Puccini): Senza mamma • IL TIGRANE (Vivaldi): Squarciami pure il seno • IL TITO (Cesti): Che mi consigli, Amor? • TOSCA (Puccini): Vissi d'arte, vissi d'amore • LA TRAVIATA (Verdi): Ah, forse e lui... Sempre libera • IL TROVATORE (Verdi): D'amor sull'ali rosee • Tacea la notte placida • TURANDOT (Puccini): Tanto amore, segreto • LE VILLI (Puccini): Se come voi piccina • LA WALLY (Catalani): Ebben?... Ne andro lontana.

50484601 MEZZO-SOPRANO $19.95
Contents, 36 arias: ADRIANA LECOUVREUR (Cilea): Acerba voluttà... O vagabonda stella • ALCINA (Handel): Sta nell'Ircana pietrosa tana • L'AMICO FRITZ (Mascagni): O pallida, che un giorno • ANNA BOLENA (Donizetti): È sgombro il loco... Ah! parea che per incanto • ARIODANTE (Handel): Dopo notte • L'ARLESIANA (Cilea): Esser madre è un inferno • BAJAZET (attr. Giacomelli): Sposa son disprezzata • UN BALLO IN MASCHERA (Verdi): Re dell'abisso, affrettati • IL BARBIERE DI SIVIGLIA (Rossini): Una voce poco fa • I CAPULETI E I MONTECCHI (Bellini): Se Romeo t'uccise un figlio • LA CENERENTOLA (Rossini): Nacqui all'affano e al pianto... Non più mesta • LA CLEMENZA DI TITO (Mozart): Deh, per questo istante solo • Parto, ma tu, ben mio (with solo clarinet part) • Torna di Tito a lato • COSÌ FAN TUTTE (Mozart): Smanie implacabili • DON CARLO (Verdi): O don fatale • LA DONNA DEL LAGO (Rossini): Mura felici • Tanti affetti in tal momento • EDGAR (Puccini): Tu il cuor mi strazi • LA FAVORITA (Donizetti): O mio Fernando • LA FORZA DEL DESTINO (Verdi): Al suon del tamburo • GIULIO CESARE (Handel): Presti omai • IDOMENEO (Mozart): Il padre adorato • L'INCORONAZIONE DI POPPEA (Monteverdi): A dio, Roma • L'ITALIANA IN ALGERI (Rossini): Cruda sorte! Amor tirrano! • LINDA DI CHAMOUNIX (Donizetti): Cari luoghi ov'io passai • MAOMETTO II (Rossini): Guisto ciel, in tal periglio • LE NOZZE DI FIGARO (Mozart): Non so più • ORFEO ED EURIDICE (Gluck): Addio, o miei sospiri • ORLANDO FINTO PAZZO (Vivaldi): Anderò, volerò, griderò • OTELLO (Rossini): Assisa a piè d'un salice • SEMIRAMIDE (Rossini): Bel raggio lusinghier • In sì barbara sciagura • TANCREDI (Rossini): Di tanti palpiti • IL TROVATORE (Verdi): Stride la vampa • Condotta ell'era in ceppi.

50484602 TENOR $19.95

Contents, 38 arias: AIDA (Verdi): Celeste Aida • ALCINA (Handel): È un folle, è un vile affetto • ANDREA CHÉNIER (Giordano): Come un bel dì di maggio • L'ARLESIANA (Cilea): È la solita storia • UN BALLO IN MASCHERA (Verdi): Di' tu se fedele • Ma se m'è forza perderti • IL BARBIERE DI SIVIGLIA (Rossini): Ecco ridente in cielo • Se il mio nome saper bramate (Serenata) • LA BOHÈME (Puccini): Che gelida manina • I CAPULETI E I MONTECCHI (Bellini): È serbata a questo acciaro • CAVALLERIA RUSTICANA (Mascagni): O Lola, bianca come fior di spino • LA CENERENTOLA (Rossini): Sì, ritrovarla io giuro • LA CLEMENZA DI TITO (Mozart): Del più sublime soglio • COSÌ FAN TUTTE (Mozart): Un'aura amorosa • DON GIOVANNI (Mozart): Il mio tesoro • DON PASQUALE (Donizetti): Com'è gentil • L'ELISIR D'AMORE (Donizetti): Una furtiva lagrima • LA FANCIULLA DEL WEST (Puccini): Ch'ella mi creda • LA FAVORITA (Donizetti): Spirto gentil • LA FINTA GIARDINIERA (Mozart): Che beltà, che leggiadria • LA FORZA DEL DESTINO (Verdi): O tu che in seno agli angeli • GIANNI SCHICCHI (Puccini): Avete torto! • L'INCORONAZIONE DI POPPEA (Monteverdi): Sento un certo non so che • IRIS (Mascagni): Apri la tua finestra • LUCIA DI LAMMERMOOR (Donizetti): Fra poco a me ricovero • LUISA MILLER (Verdi): Quando le sere al placido • MADAMA BUTTERFLY (Puccini): Addio, fiorito asil • MANON LESCAUT (Puccini): Donna non vidi mai • MEFISTOFELE (Boito): Dai campi, dai prati • PAGLIACCI (Leoncavallo): Vesti la giubba • IL PIRATA (Bellini): Tu vedrai la sventurata • RIGOLETTO (Verdi): Parmi veder le lagrime • La donna è mobile • TOSCA (Puccini): Recondita armonia • E lucevan le stelle • LA TRAVIATA (Verdi): Dei miei bollenti spiriti • IL TROVATORE (Verdi): Deserto sulla terra • TURANDOT (Puccini): Nessun dorma.

50484603 BARITONE $19.95

Contents, 40 arias: ADRIANA LECOUVREUR (Cilea): Ecco il monologo • L'AMORE DEI TRE RE (Montemezzi): Fiora! Piccolo fiore • ANDREA CHÉNIER (Giordano): Nemico della patria • L'ARLESIANA (Cilea): Come due tizze accesi • ATTILA (Verdi): Dagl'immortali vertici • UN BALLO IN MASCHERA (Verdi): Alla vita che t'arride • Eri tu che macchiavi quell'anima • IL BARBIERE DI SIVIGLIA (Rossini): Largo al factotum • BELFAGOR (Respighi): Sono un grosso mercante • LA CALISTO (Cavalli): Va pur… Se non giovano • LA CENERENTOLA (Rossini): Come un' ape ne' giorni d'aprile • COSÌ FAN TUTTE (Mozart): Rivolgete a lui lo sguardo • DON CARLO (Verdi): Per me giunto • DON PASQUALE (Donizetti): Bella siccome un angelo • I DUE FOSCARI (Verdi): O vecchio cor, che batti • EDGAR (Puccini): Questo amor • L'ELISIR D'AMORE (Donizetti): Come Paride vezzoso • LA FANCIULLA DEL WEST (Puccini): Minnie, dalla mia casa son partito • FALSTAFF (Verdi): E sogno? o realtà?… • LA FAVORITA (Donizetti): Vien Leonora, a' piedi tuoi • IL FIGLIUOL PRODIGO (Ponchielli): Raccogli e calma • LA FINTA GIARDINIERA (Mozart): A forza di martelli • LA FORZA DEL DESTINO (Verdi): Son Pereda, son ricco d'onore • GIANNI SCHICCHI (Puccini): Si corre dal notaio • I GIOIELLI DELLA MADONNA (Wolf-Ferrari): Bacio di lama • LUCIA DI LAMMERMOOR (Donizetti): Cruda, funesta smania • LUISA MILLER (Verdi): Sacra la scela è d'un consorte • MANON LESCAUT (Puccini): Sei splendida e lucente • NABUCCO (Verdi): Dio di Giuda • LE NOZZE DI FIGARO (Mozart): Hai gia vinta la causa!… Vedrò, mentr'io sospiri • ORFEO (Monteverdi): Tu se' morta • PAGLIACCI (Leoncavallo): Si può? • I PURITANI (Bellini): Ah! per sempre io ti perdei • RIGOLETTO (Verdi): Pari siamo! • RINALDO (Handel): Sibbilar gli angui d'Aletto • IL TABARRO (Puccini): Nulla!… Silenzio!… • LA TRAVIATA (Verdi): Di Provenza il mar , il suol • IL TROVATORE (Verdi): Il balen del suo sorriso • I VESPRI SICILIANI (Verdi): In braccio alle dovizie • LE VILLI (Puccini): No! possibil non è… Anima santa.

50484604 BASS $19.95

Contents, 39 arias: L'AMORE DEI TRE RE (Montemezzi): Son quarant'anni • ARIODANTE (Handel): Voli colla sua tromba • ATTILA (Verdi): Mentre gonfarsi l'anima • IL BARBIERE DI SIVIGLIA (Paisiello): La calunnia, mio signore • IL BARBIERE DI SIVIGLIA (Rossini): La calunnia è un venticello • A un dottor della mia sorte • LA BOHÈME (Puccini): Vecchia zimarra • LA CENERENTOLA (Rossini): Miei rampoli femminini • LA CLEMENZA DI TITO (Mozart): Tardi s'avvede d'un tradimento • DON CARLO (Verdi): Ella giammai m'amo • DON GIOVANNI (Mozart): Ho capito, Signor, sì? • Madamina! Il catalogo è questo • DON PASQUALE (Donizetti): Ah! un foco insolito • L'ELISIR D'AMORE (Donizetti): Udite, udite, o rustici • ERNANI (Verdi): Infelice! e tuo credevi • LA GAZZA LADRA (Rossini): Il mio piano e preparato • LA GIOCONDA (Ponchielli): Sì, morir ella de'! • GIULIO CESARE (Handel): Se a me non sei crudele • L'INCORONAZIONE DI POPPEA (Monteverdi): Ecco la sconsolata... Ringratia la fortuna • L'ITALIANA IN ALGERI (Rossini): Già d'insolito ardore • L'ITALIANA IN LONDRA (Cimarosa): Van girando per la testa • I LOMBARDI (Verdi): Sciagurata, hai tu creduto... O speranza • LUCIA DI LAMMERMOOR (Donizetti): Dalle stanze, ove Lucia • LUISA MILLER (Verdi): Il mio sangue la vita darei • MACBETH (Verdi): Come dal ciel precipita • MEFISTOFELE (Boito): Ecco il mondo • Son lo spirito • NABUCCO (Verdi): Vieni, o Levita!... Tu sul labbro • LE NOZZE DI FIGARO (Mozart): La vendetta • Non più andrai • ORFEO (Monteverdi): O tu ch'innanzi morte a queste rive • ORLANDO (Handel): Sorge infausta una procella • I PROMESSI SPOSI (Ponchielli): Al tuo trono, o sommo Iddio • SEMIRAMIDE (Rossini): Deh, ti ferma… Que' numi furenti • LA SERVA PADRONA (Pergolesi): Sempre in contrasti • SIMON BOCCANEGRA (Verdi): Il lacerato spirito • LA SONNAMBULA (Bellini): Vi ravviso, o luoghi ameni • IL TROVATORE (Verdi): Di due figli vivea, padre beato • I VESPRI SICILIANI (Verdi): O tu, Palermo, terra adorata.